WAC BUNKO

九十歳まで働く！

こうすれば実現できる！

郡山史郎

WAC

九十歳まで働く！

こうすれば実現できる！

◉目次

／もう一度「集中排除法」を作りたい／「お払い箱」になる寸前に光明が…／「組織的転職凍結」から「組織的転職解放」へ／「ひとのやらないこと」は「もうからない仕事」だった／「高齢者の再就職に関する、組織的、効果的活動は不可能である」／人材紹介業では、受注は極めてやさしい／「社長ができる」あるいは「社長をやりたい」人ばかり／学歴と転職回数を重視する愚かさ／かくて私は、また受注に成功し、納入に失敗する

第四章 「傘寿」を超えて「米寿」「白寿」「百寿」まで働くために

役立たない「健康食品」の数々／悪しき家父長制の名残り／高齢者に「金」と「友人」は不要か？／なぜ六十歳以上の「ビジネスマン」はいないのか？／人

装幀　ＷＡＣ装幀室（須川貴弘）

序　章　「わがソニー時代」を振り返れば……

英国ゴルフ場で知らされた社長人事

そのことは、ウエールズのゴルフ場で知らされた。一九九五年の夏至《げし》のころ。英国は日本より緯度が高いので、夏の日は長い。一日の仕事のあと、ハーフラウンドのゴルフを終えてもまだ薄日が射している。心地よい疲れを感じ、満足感に浸ってクラブハウスに帰ると、社員が待っていた。

「新組織が発表されました。代表取締役社長は出井《いでい》伸之です」

当時、私は還暦になったばかり。ソニーの資材、物流担当役員で、役職は「常務取締役資材本部長兼物流本部長」だった。ソニーは年間兆円単位の資材を購入し、数千億円の物流経費を使って全世界で製品を販売する大企業。ウエールズに来ていたのは、ブリッジエンドにある欧州向けの主力工場の資材購入、完成品配送の状態を視察するためだった。

ソニーの社長選びは、当時、日本の経済新聞のみならず週刊誌など全マスコミの紙（誌）面を賑わせていた。井深大、盛田昭夫の二人が創業した町工場上がりの音響メーカーを、世界の大企業に育て上げた大賀典雄の後継者が誰になるかなんていうのは、格好の話題である。

「村（ムラ）社会」である日本人は人事の話が好きだ。実際は、日本にある無数の会社の社長にだれがなろうと、一般の人には何の関係もない。いや、当の会社の社員や取引先にとっても、だれが社長になっても、おおきな変化が起こるわけではない。一企業における社長の権限は限られているし、多くの場合、だれが社長になっても、同じこと。

ところが、このどうでも良い社長選びのニュースに、新聞や雑誌が躍起になる。確かに、野球やサッカーの新監督選びなら、面白い話題であろう。この前のフランスや韓国の大統領選挙なども興味がひかれる。日本とて、首相の地位と直結する自民党総裁選びで各派閥間の争いが激化すればニュースの価値がある。

とりわけ、去年のアメリカの大統領選をめぐるトランプ騒動は、アメリカ人のみならず日本でも沸いた。しかし、企業の社長人事など、本来おもしろくも可笑《おか》しくもない。

日本の慣習として、後継社長は現社長が任命することになっている。だが、これは、法律的にはおかしい。社長は、取締役会が選ぶと、会社法にちゃんと書いてあるからだ。それを現社長に選ばせているのは、悪しき慣習であろう。

それをジャーナリズムがあまり取り上げないのは、これまたおかしな習慣である。日本は、憲法にしろ、あまり法律がまもられない国となってしまっている。

ソニーも大賀ワンマン社長の統治が長くなり、後継者はだれになるか、の話が当時社内でも出るようになった。若い読者は、二十年以上昔のソニーの人事状況など記憶にもないだろう。

そこで、「人生、九十歳まで働いて何が悪い?」と私が思い至った経緯を語る以上、私自身の当時の情況もまずは説明もしておきたい。

ソニー入社は一九五九年（昭和三十四年）のことだった。二十四歳、中途入社だ。それまで勤めていた伊藤忠商事を辞めてソニーに入った。そのあと、スイス駐在員、米国駐在員などを務めた。一九八五年に取締役に就任。海外営業や、工場で生産を担当していたが、一九八八年に、本社経営戦略本部長になった。

大賀社長は、この戦略本部を創る理由を、全社の部長会で、こう説明した。

「郡山君には、本社に来てもらい、二十一世紀のわが社がどうあるべきか考えてもらう」

普通の会社なら重要なメッセージとして理解される可能性がある。業績抜群の事業本部長が、会社の中枢にやってきて、将来計画を担当する。その人が、やがてこの会社の将来を担うことになるのではないか——と。そうみるマスコミもあった。

だが、ソニーの中では、私は社長の候補にはまったくなっていない。大賀社長と仲が悪いということになっている。

確かに私は会議の席などで、大賀の意見に反対したことが多く、大賀に褒められた記憶はない。彼は、東京芸術大学声楽家を出た異色の経営者。私は生来音痴で、音楽が嫌い。大賀とヨットに乗ったり、いっしょにゴルフをしている取り巻きのひとりではない。大賀の覚えがめでたいとはとても思えなかった。

ある先輩の役員が私にこういったことがある。

「大賀にとって、君は限りなく危険な存在だよ」

私はそれほど煙たがられていると思わなかったが、思い当ることはあった。

大賀はフィクションの名人

私が社内的に、トップの候補になりえない理由は、ほかにもたくさんある。

まず途中入社。ソニーは成長期に、多くの社員を中途採用した。「出る杭《くい》を求む」などという広告を出したのは有名である。

当時主流だった大学「指定校制度」も廃止し、偏差値秀才は不要、学歴無用論を触れ回ったこともあった。盛田自身が『学歴無用論』なんて本も出した。

しかし、会社が大きくなって、人気企業のトップになり、良い人材が密集するようになった。そこで幹部登用に純血主義が始まり、本社中枢は新入社員としてソニーに入社した者だけになった。大賀社長も新卒入社で、その後ソニーの社長、副社長は、外国人は別にして途中入社組はいない。

ところが、私は、一九五八年に入った伊藤忠商事を、一九五九年に辞めてソニーに入ったものの、一九七三年に、シンガーという当時世界最大のミシンメーカー The Singer Companyに入社したのだ。

本社はニューヨークにあった。ミシン会社だが、すでに、複合産業になっており、情報産業他、多角事業経営をしていた。同年、私は日本に赴任。

日本で、シンガーは、ミシン、縫製機械、楽器、教育機器、情報機器、家電などの事業をしており、私の職務は営業担当役員から、現地法人社長、日本統括、北アジア統括(日本、韓国、中国担当)となり、赤字事業を一掃し、ビジネスとしては、成功させ責任を果したと自負している。

一九八一年に、日本での事業改革が一段落し、リストラも沢山したので、次のステップとして、米国本社への帰任、あるいは、退社して、別な外資系企業か、日本の小さなメーカーで輸出でもしているところに行くか、迷っていたところに、当時の盛田ソニー会長から、もう一度ソニーに戻り、業務用機器を担当しないかと誘われ、タイミングがよかったので、再入社することになった。それが一九八一年のことだった。
再入社は、タイミングが良すぎたのと、盛田会長の巧みな誘いに乗せられたものだった。盛田会長は、「給与、処遇はあらゆる意味でひどいことになるが、会社は今君を必要としているのだよ」と言ってくれたが……。

このように、私は、一度ソニーを退社して、ソニーに再入社している。二度の中途採用だから許されるはずがない。盛田と違って、このことは、大賀に、何度も嫌味を言われた。だから、大賀が私を社長にする気がまったくなかったことは、百パーセント確実である。

他にも理由はある、私は、ソニーの中では、主流の民生品を担当していない。本社の経営戦略担当の役員に急遽抜擢《ばってき》されたりしたが、会社の主な事業活動には全く参加していない。

だから社長選びには、縁のない存在である。それは社内的には常識以前のことだった。当然当人もよく分かっている。

経営戦略本部に来てみると、大賀社長の最大の関心が後継者選びにあることに気が付いた。経営戦略は社長の仕事である以上、その担当者は社長秘書の様な役割になってくる。社長に呼ばれて、二人だけで話し合う時間は毎日のようにあり、それも長時間になる。

大賀の経営スタイルは、自分を忙しくしない。その点ではドラッカーの見事な弟子である。

ちなみに、ドラッカーは「忙しい人達が、やめても問題ないことを、いかに多くしているかは驚くほどである。なすべきことは、自分自身、自らの組織、他の組織に何ら貢献しない仕事に対しては、ノーと言うことである」と言っている。

もちろん大賀がドラッカーを読んだとは思われないし、名前も知らなかったかもしれない。だが、大賀は私が出会った最高の経営技術者であり、その点では尊敬している。

しかし、大賀は音楽家で、失礼だが経営学も経済学もまったく無知蒙昧だったのではないかと思う。経営について語ることは少ない。経営はオーケストラの指揮のようなものだ、と言ったことがある。リズムとメロディが大切で、聴衆を感動させなければいけない。そのためには、楽団員の能力も大切だが、不協和音をだすものがいてはならない。

もちろん音痴で、つむじ曲がりで不協和音を出す私は、彼のブラックリストに載っていただろう。

二人だけで、会社の経営、将来について、話しあった。私の意見も訊くが、話しているのは、ほとんど大賀である。後継者を探しているとは、私には言わないが、あれは、こうゆう人間だ、という話をしきりにする。きわどい話が多い。

日本人の名前も外国人の名前も沢山出てくる。

あれはだめだから、と側近とみなされている人物の名前が出る。

人事については、大賀は深く考える。そして、本心を明かさない。平気で嘘をつく。

そして、間違った結論を出したことはほとんどない。大賀が素晴らしい経営者である所以。大賀時代、ソニーでは人事に関する内紛、派閥争いなどが表面に出たことは一度も記憶にない。

二人の話し合いの中で、「出井伸之」の名前は一度も出なかった。にもかかわらず彼を任命した大賀の才覚には驚嘆するほかなかった。

経営戦略本部の他の部員には、具体的な名前をあげて、候補者の相談をしたのかもしれない。ひとつだけ、印象に残っているのは、ある日突然に、「郡山くん、あんた、辞めるなよ」と言われたことだ。

それからは、私は、もはやどんなことがあっても、ソニーを自分から辞める気はなかった。また、大賀に対しても、親愛と尊敬の気持ちはあっても、裏切ろうとか、迷惑をかけるような気は全くなかった。その気持ちはいまでも、全く変わっていない。おそらく大賀はその時何か大きな結論をだしたのであろう。

社内では、話題にも上っていない郡山史郎も、当時の雑誌や新聞では、次期社長候補として名前がでるようになった。これは後日談だが、あるジャーナリストの新聞コラムでは、大賀の後継社長として残ったのは、三人だったとして私の名前が二人目に出ていた。三人目は出井伸之である。

朝、会社にでかけようと自宅をでると、門前に新聞記者が立っている。「お話しください」といわれても、お引きとり願うのが大変だった。夜遅く家に帰ると、また違う社の記者が玄関の前で待っている。「まったく見当違いです、何も知りません」といくら言っても帰らない。

いわゆる「夜討ち朝駆け」の対象者となったのだ。

老人に絶望はありえない

読者の方々には、二十年以上昔の、このような私的なお話をして、申し訳なく思うので、ちょっとお断りしておきたい。この本は、一私企業の内輪話をするためのものではない。まして平凡なサラリーマンだった、無意味な私の身の上話をするつもりもない。私がソニーやシンガーで、世界中をかけめぐり、事業活動をした四十年よりも、ソニーを辞めた七十歳以降、一人でさまよったその後の十年間の方がはるかに楽しく面白かったことを報告するためのものである。

私はいま八二歳だ。傘寿《さんじゅ》を超えた。押しも押されぬ（?）立派な後期高齢者だ。日本では高齢者（老人）が急速に増えている。そして、その多くが、前途に不安を感じ、現実に不幸な状況になりつつあるという。

書店に行けば、『絶望老人』『老後破産』『下流老人』『難民化する老人』『万引き老人』なんて本が並んでいる。高齢者が増えるのはめでたいことのはずだ。不幸になってはいけない。難民になってはいけない。万引きをしてもいけない。

高齢者が不幸になる理由は、本当は、無いはずである。

なぜなら、高齢者は社会の職務からは解放されている。人類増加のために日夜励む責任もない。

だから自由である。そして、長く生きた分、自由の価値と利用方法を知っている。若者に自由を与えても、その価値も使い方も知らないから乱用する。幼児を道路で遊ばせるようなものだ。危険きわまりない。だから若者は拘束して、働かすべきであると言ったら言い過ぎだろうが、高齢者は自由があっても、危険は冒さないし、反社会的な行動は少ない（認知症のドライバーは危険だという人もいるかもしれないが……）。

高齢者は幸せになるべきで、ここに、ほんとうにそれが実現された実例（私のことだ！）がある。こうすれば老後は楽しくなる。それを伝えるのがこの本の唯一の目的だ。その私が実践した情報は、高年齢者だけでなく、その周りの人たち、これから年を取る若い人たちにも有用であるにちがいない。あなたの老後は楽しく、面白くできる。誰でもできる。そのことをお伝えしたい。そのような気持ちで書いているので、読み続けていただきたい。

闇から闇に葬られた失敗事業

ソニーの経営戦略本部には、三年間いた。

だが、二十一世紀のソニーの形を考えたとも思えないし、後継社長の選定にも貢献していない。ただ、この部署で、音楽事業と、映画事業（米コロムビア）の買収を担当した。「郡山さんが映画を買ってから、ソニーはおかしくなった」と言われたことが幾度もある。私が買ったわけではない。事務方を務めただけである。音楽の買収は、成り行きかも知れないが、映画の買収は、ソニー創業の夢の実現であるから、後悔はしていない。

経営戦略担当の後は、まず海外営業。映画買収でお金を使いすぎたから今度は稼いで来いという。サービス本部。これは地獄の稼業で、商品事故対応とクレイマーに追い回される。
途端に資材本部に異動。これは天国の仕事で、納入業者からゴルフの誘いが毎週くる。前任者は副社長である。次は社長しかないですね、と皮肉を言われた。その目は無いことを知っている部下たちの発言である。

ウエールズでゴルフのあとは日本人幹部との夕食会になった。会社の新組織の話題は全くでない。

（私）→「本当に、すごい工場になったね。英国王室御用達だからね。盛田さんも、英国王室から名誉大英勲章、ナイト爵位の称号を受けて「貴族」になって、鼻が高いだろう。ソニーが最初に外国に作った工場の話をしよう。盛田さんは、日本で作って輸出するのではなくて、市場のあるところに工場を作って、そこで製造して売るのだ、とかねがね言っていた。だからアイルランドにトランジスタラジオの工場をつくった。私は当時二十四歳、スイスにいて、北欧三国、ベネルックスの営業担当だった。ブラッセルに出張していたら、夜中に欧州支配人から電話が掛かってきて、盛田さんとパリで会議をしているから、至急来いとのこと。翌日、急行列車で、パリに行き、ジョージ五世ホテルに出頭したら、盛田さんと、欧州支配人、アイルランドの工場長がいて、今度君を工場の営業責任者にするから、製品を全欧州で売ってもらいたい、と任命された。

工場はアイルランドのシャノン空港の中にあって、工業団地に誘致されたもの。現地の若者を集めて生産を始めたのだが、不良品だらけ。何しろ、ほとんどが生まれてこの方、ねじ回しを見たこともない、というところだから、苦労は一筋縄ではない。やっと作っても、今度は、だれも買ってくれない。そこで新たに、営業の責任者が任命されたわけ。

早速見本のラジオを取りよせて、それを持ってヨーロッパ中の代理店に売りに行ったが、だれも買ってくれない。なにしろ当時欧州にはトランジスタラジオのメーカーが十社以上もあり、大手のフィリップスなどが、短波、長波、ＦＭを受信できる新製品を売り出しているので、箱型、中波だけのラジオが売れるわけがない。

とうとう一台も売れず、在庫の山はカナダの代理店にただ同然で引き取ってもらい、工場は閉鎖になった、ということです。ソニーの伝統は、悪い話は闇から闇に葬れ。良い話は全部自分の功績にしろ、ということだから、この話はあまり知られていないだろうね。その昔にくらべたら、今、皆さんのやっていることは、ほんとうにすごい。欧州一の大テレビ工場だからね」

（相方）→「いやいや、こちらも苦労は多いですよ。ウエールズだって、英国の工業地帯からは離れていて、アイルランドと大差ないですよ。ネギ畑しかない。食べ物のまずさだけが英国なみですよ」

というような話題で、楽しい夕食会も終わり、翌朝、私はロンドンヒースロウ空港から日本へ帰路についた。

この英国のテレビ工場もソニーが平面テレビへの参加の時期に失敗したため、十年後には、閉鎖されてしまう。アイルランドの工場と同じ運命。

勿論平面テレビの失敗は闇から闇に葬られている。ちなみにアイルランドは今や情報産業の大拠点になり、ＰＣを持っていない若者はいないというから時は変化する

ところで、出井伸之の社長就任は、私のビジネスキャリアーを百八十度変えてしまう。いよいよソニーから追い出される話がはじまるが、それでもまだ十年も在籍することなる。それは次章以下で。

第一章　「下り線」の窓からの景色

社長は「忘年会の幹事」程度のもの

大賀典雄は人事では間違わない。出井伸之の社長任命も見事な決断・選択である。私は今日でもそう信じている。

ビクター・松下のビデオＶＨＳと対抗するために、ベータマックスに固執して破綻しかけていたソニーを世界の大企業にしたのは大賀典雄。

今日のソニーの形を創ったのは、出井伸之。その影響の大きさは、大賀典雄に匹敵する。ソニーは今、電子業界では、最も今世紀的な形をしている。業績の良い悪いは今の経営者の責任であろう。ともあれ、新しいソニーを創業したのは、出井伸之であって、その功績はすばらしい。

大賀が出井を選んだ理由は十分理解できる。ハンサムで長身、武骨な技術者中心の役員の中では、抜きんでている。

果敢な実行力を持っているが、非常にまっすぐな性格で、裏表がなく、嘘は言わない。グローバルな視野をもっており、外国語に堪能、情報系の新技術にも明るい。リーダーシップ、実務経験も豊富で、コミュニケーション能力は抜群である。なぜこれまで社長候補になってなかったのか、という理由は、新商品開発や事業責任者としての実績が派手でなかったからであろう。大賀は出井を最初から有力な社長候補として役員にしたのだと思われる。それが外部から見えなかったのは、これまた大賀の巧みな才覚に違いない。

大賀にしてみれば、新社長を選ぶのは、自分が指揮している交響楽団のコンサートマスターを変えるくらいの気持ちだったのかもしれない。

指揮は自分がする。これで評判は良くなるし、客は呼べる。ところが、結果はこのコンサートマスターが楽団をすっかり変えてしまい、クラッシックを演奏していたのがジャズをやるようになってしまった。古いファンは怒ったが、時代が要求しているのはボッブ・ディランであり、ベートーベンではなさそうである。

Times are changing……　ここで、ふと気が付いた。日本の企業で、ノーベル賞受賞者を二人だしたのは、ソニーだけである。一人はトンネルダイオードの発明者江崎玲於奈博士、もう一人はボッブ・ディラン、ソニーミュージックのメンバーである。この歌手もいかにもソニーらしく自由と個性を謳歌している。

古い時代を懐かしむのはソニーに似合わない。

井深は、「原点回帰」とか「創業の精神」という言葉を忌み嫌っていた。自分の書いた設立趣意書についても、「あんなものを大事にするようでは、ソニーの将来は無い」と公言していたほどである。盛田は、「過去には何の価値もない、将来だけが価値がある。現在は将来のためにのみ使うべきだ」と言っている。

おっしゃる通り、過去を美化するのは、歴史小説の中では良いとしても、ビジネスの世界では、間違った判断に導かれやすい。

明治は良い時代だとしても、現実は現在の北朝鮮なみの独裁者が君臨する軍事国家であり、江戸を懐かしむ人いるが、庶民の暮らしは『日本奥地紀行』の著者で英国の旅行家のイザベラ・バードに指摘されるまでもなく、寄生虫と皮膚病だらけの栄養失調の民が多々いた。

ビジネスの世界で、明治や江戸時代に帰りたい人はいないだろう。『さよなら！僕らのソニー』なんて本があるが、懐かしの「僕らのソニー」は失われたのではなく、前進したのだから、悲しんではいけない。

追記すると、私自身は社長になりたいと思ったことは一度もない。

下馬評に上がっていた人たちはみな優秀な経営者だったし、その人たちの下で働きたいと思っていた。この世で社長ほど割に合わない商売はない。

うまくいって当たり前だが、何かミスが発生すると、自分の責任でなくとも、テレビカメラの前で頭を下げることになる。好きなことができるだろうとか、世間の評価が上がるだろう、給料が高いだろうというのは、全くの誤解で、自由は無くなり、世間をはばかり、給与も、決して高くない。ソニーのなかでも社長より高給取りはいくらでもいた。

私は、ソニー時代（子会社含む）から通算すれば、「社長」という職務に三十年以上ついている。

創業者では珍しいことではないだろうが、普通のサラリーマンでは長い方だと思う。その間、面白いとも楽しいとも思ったことは一度も無い。悪いことはすべて自分のせいだから、その意味では、上司や周りを恨むようなフラストレーションは無いが、不満や不快なことは山ほどある。

それでも社長をやっているのは、誰かがやらなければいけないという義務感のようなものである。忘年会の幹事とおもえば分かりやすい。

もしもソニーの社長になっていたら……

ともあれ、出井は大賀に社長就任を持ちかけられた時、固辞したとのことである。

当然であろう。それは出井が善人である証拠。世の中の社長は、おおむね善人が多い。中には悪人もいるだろうが、人間の選ぶことだし、自ら社長を名乗り出ることは自由にできるのだから仕方はない。悪妻と悪い社長はどこにでもいる。ただその数が少ないことは世の夫と社員にとって幸いであろう。

余談だが、自分がソニーの社長になっていたらどうなっただろうかと、空想はできる。

旧時代のアナログ人間で、ハードウエアの塊のような人間だから、必ずや早速全世界で平面テレビ戦争をしかけて競走企業を撃滅する。個人が持ち歩くスマホやゲーム機のようなものも、世界制覇を目指して、アップルなどには引けをとらない。

ただ情報産業音痴だから、ネット系のような新事業はできない。

たちまち過剰生産、過剰投資で会社は行き詰まり、有利子負債超過で、どっかのシャープではないが（？）、中国（台湾）企業に買収され会社は分断、切り売りされ、ブランドは消滅する…ことになっていただろう。

これは井深の創業したソニーを心から愛していた大賀にとっては、許せない。郡山はやはり危険な人物であったと彼が判断したのは正しかったというしかない。

「さらばソニー」とはならず?

さて、一私企業の後継者の話はこのへんで打ち切りにしなければならない。内紛でもお家騒動でもない。次世代のために、企業がより発展し邁進するために、良い経営者が選ばれただけの話である。

新しいソニー社長が生まれたので、古い役員には用は無い。一人が、出井より先任で飛び越された十四名は皆で辞表を出さないか、と提案した。先輩がごろごろいたら、出井社長もやりにくかろうというのである。私は大賛成で、早速辞意を表明した。ところが、その時辞めたのは、私ともう一人だけ。あとは、皆居残ってしまった。慰留されたのかもしれない。ともかく、私には用がなかったのだろう。

ソニーでは退職する役員は、役員会でお別れの挨拶をすることになる。「その時は極めて爽快だよ」と退社した先輩に言われたことがある。私は愉快でも残念でもない。入社以来、頻繁に担当部署を代わったが、一度もいやだと言った覚えはない。別なところに代えてくれるように希望や申請をだしたこともない。

会社というものそういうところだ、と思っているから、どんなことが起きても同じ。別れの挨拶は、一言。「どうも有り難うございました」だけ。笑顔で去った。

さて、取締役を退任したのだから、ソニーという会社とは完全に縁が切れて辞めるのかと思ったら、そうではない。「子会社の社長をやれ」という。

そこは小さな会社だが、喜んで引き受けることにした。子会社の社長は、変な身分である。処遇（給与）はソニー在職時と同じ。ただし、賞与はない。受け入れる子会社には、もちろん「ノー」といえるような発言権はない。つまり、民間版天下り。

今は、親会社（この表現は子会社同様やめた方がいい。関係は決して親子ではない。せいぜい従属。隷属に近い）の古手の役員を関連会社の社長などにするといった日本的企業の昔からの慣習は無くなりつつあるが、当時は極めて一般的だった。この制度が悪いことは、当たり前で、どんな会社でも社長は適性で選ぶべき。御本社の社長になりそこねたのが、適格者であるはずがない。

入社したときはソニーも小さかったし、欧州や米国の現地法人も小さかった。外資系日本法人の社長もしたことがあるので、「子会社」のサイズは気にならない。ただ経営状態はあまり良くなかったので、少しずつ手直しをした。そのうちに業績が良くなって、ソニー入社以来四度目の本社の社長賞をもらった。

社長賞を発明した社員は褒められていい。事業部門、関連会社などジャンルをつくり、そこで年間最高の業績を上げたところが、表彰される。私は四回もらったことになる。

映像機器を開発していた時、業界を革新するような新発明、新製品を表彰する世界的なエミー賞を何度ももらった。担当技術者に訊いてみたら、賞などもらうより、作ったものが良く売れたほうがよっぽど良いといやみを言われたが……。

賞はたしかに、給料にも地位にも関係しない。ノーベル賞ならいざ知らず、履歴書などに、以前の会社で社長賞をもらったと書いている人がいるが、職業紹介業の経験から、そのようなものが効き目があったことは無いと断言できる。

愛しき「子会社」で給与削減に？

忘れる前に書いておきたい。この子会社に勤務したのは、私の人生で最大の幸運の一つである（子会社の社員にとってもそうであればありがたいが）。この子会社はソニー創業者井深大が創設したもので、亡くなるまで役員を務めていたため、新入社員の時同様、直近でその謦咳に接することができた。社員も良い人たちばかりで、良い思い出になっている。ここでも私は大賀に心から感謝しなければならない。

それにつけても、「子会社」とは不思議な形容だ。

だが、この表現をあえて続けることにしたい。

最近も、新聞に「パナソニック、パナホームを完全子会社化」という見出しがあった。「完全子（会社）」と「不完全子（会社）」があるのか？「嫡出子」か「非嫡出子」か。「継子」か「実子」か…。「正社員」でない人は「不正社員」か。

このような用語は不適切だからやめたほうが良いと思うのだが、経済人は概して「文学」に弱いので直らない。

ともあれ、子会社は親会社の恣意（意向）に振り回される。現金が沢山あるようだから、こちらに全部預けろ、と持って行ってしまう。必要な時にいくらでも貸しますという。嘘である。親が子の貯金を預かるのは自由に使わせないためだろう。社員が営業に必要だというので会社でゴルフ場の会員権を買ったら取締役会で、本社派遣の役員に反対された。強引に数で押し切り買ってしまった。接待ゴルフ華やかのころで、営業には役立ったと思うが、本社の覚えが目出度《めでた》いはずはない。

ただ、小さな子会社の経営は、世界中の問題が集中してくる本社中枢より気楽だった。周りにいつも偉い人もいないので勝手にできる。だから、私は、昼食に近所のイタリアレストランに行ってワインを飲むことにした。ウエイトレスに「そんなことをして、会社の方は大丈夫ですか」と訊かれた。まさか社長だからとも言えず、「顔にでないからごまかせます」と答えた。後でわかったのだが、そのことは社員には良く知られて、評判になっていたらしい。本社にも聞こえたかもしれない。

給与の話。

これは残念ながら毎年少なくなっていった。最初に大商社（伊藤忠商事）から町工場のソニーに転職したときは給料が三割下がった。

二度目に大手外資（シンガー）のアジア・パシフィック責任者からソニーの中堅幹

部になった時は六割下がった。このとき、家内が私立高校在学中だった長男に、これからは今までの生活とは違うことになるからねと諫《いさ》めたという。

要は、大学は学費の安い国立（公立）大学にいけ、という意味だったらしいが、この思惑は失敗している（私立大学に行ってしまったから）。

しかし、この二つの転職は、結果的に成功だった。転職の成功の秘訣は、大幅な収入の減少にあるともいえる。ただ家族が崩壊する危険がある？

したがって、同じ会社にいて、毎年給料が下がるのは初めての体験。会社の業績は過去最高だが給料は二割ほど下がる。（逆）年齢給ですから、という説明である。妻は、今度も、よほど会社でおかしなことをしでかして減給処分を受けたに違いないと疑っていた。社長賞は社員と一緒にもらったのだから、表彰状を家に持って帰って飾るわけにもいかない。いくらデフレ不況がしのび寄っていた時代だったとはいえ、社長の給与が年々下がることを納得できる、デキタ女房はいないだろう。

ソニーの元常務がハローワークに日参？

　ともあれ、この本は、前にも述べたように、私の身の上話ではない。ビジネスマンが九十歳まで現役で活躍するためのものである。にもかかわらず、このような話が続くのは、私がこの時まだ失職していない事情による。

　私たちの世代は、二つの特色がある。

　一つは平均寿命が生きているうちに二倍になってしまったことだ。

　一九三五年生まれの日本男子の平均寿命は、当時の日本の統計によると四三歳だった。

　今は八十歳を越していてさらに伸びつつある。「ゼノンの逆説」（俊足のアキレスは先行するカメに追いつけない？）のように、生きるにつれて寿命が延びると、永遠に生きていくような錯覚に陥る。

もう一つは、成人期に日本経済が徹底した右上がり、成長を継続したことである。好不況はあっても、仕事にあぶれるということはあり得なかった。常にすべての分野で人不足で、普通の人ならいくらでも正社員として就職する上での選択肢があった。それが、現今の情勢と如何に違うかは、少なくとも今五十歳前後以下の人に説明の要はあるまい。

現在、多くの企業が、リストラの名のもとに、従業員数を減らしている。事業や工場を丸ごと閉鎖し他国に移転することも頻繁に行われている。そこに登場してくるのが、「再就職支援事業」だ。

大手の人材会社が手掛けているこの事業は、企業より委託されて、退職者あるいはその予定者の再就職活動を支援する。

そのために、企業からは多額の前金が渡されるから、人材会社にとっては、おいしい事業に違いない。

もちろんこのご時世で、再就職は容易でない。多くの努力は無為に終わる。真面目に情熱をもってこの事業に取り組んでいる人たちを、職業柄知っているので、悪くいう気は毛頭ないのだが、この事業は、所詮は、解雇される者の不満の緩衝剤と解雇する側の良心の呵責《かしやく》の緩和剤にすぎない。

私の会社は、後で詳しく述べるが、人材業であるが、再就職支援はしていない。せいぜい、再就職活動部分的下請け業で、走り回っているだけ。再就職のための調査、資料の提出、面談の調整、それに激励もするが、支援をしているわけではない。本質的には、サービスに対して対価を支払ってくれる企業の採用業務下請け業だ。ただ、この仕事を始めた理由は、候補者側の下請けも重要だと思ったからだから、そちら側も決しておろそかにはしていない。採用側は機会や余裕があるから採用したいのであって、一方候補者側は現況が不満だから就職市場に出ている。当然気持ちの上では候補側に同情したくなる。だが、再就職支援をしているなどというぬぼれは無い。

ソニーは、希望退職者や定年退職者には、再就職支援をしている。但し、役員退職者には一切していない。少し不思議だが、当たり前の様な気もする。いい歳した大人で経営者のはしくれなら、自分のことは自分でやれということなのだろう。

ソニーの元常務がハローワークに日参するのは、同僚や部下に申し訳ない気もする。だから自分で密かに探すことになる。子会社の社長も何年かやるにつれ、いよいよその日が近くなってきた。

キリストとしての井深大の下に

ソニーでの会社時代の話を終わる前に、いくつか付け加えておきたい。

一つは、ソニーが日本経済に残した足跡。ソニーより前には、自社のブランドを掲げて、品質と斬新な商品企画を標榜して世界に打って出た日本企業はない。

その後、トヨタ、ホンダ、ニンテンドーから、ＹＫＫ、マブチモーター、外国ブランドを乗っ取ったタカラベルモント、今日の覇者ユニクロ、ソフトバンクまで、日本ブランドの世界での活躍は「すばらしい」の一語に尽きる。欧米諸国では世界ブランドは珍しくないが、韓国、中国、アジア諸国、途上国からの「世界ブランド」は今一つ見あたらない。サムスン、ＬＧもまだ全世界では通用していない。ソニーが無くても日本メーカーはこうなった、と言われるかもしれないが最初に卵を立ててみせたのは、ソニーである。

大リーグに（事実上）最初に打って出た野茂英雄みたいなものだ。贔屓目に見ても、ソニーのその功績は大きい。

もう一つ。

ソニー創業メンバーの歴史上の人物との類似性。創業時、井深大の周りには、個性のある人材がそろっていた。相互に仲は良くはなかったが、皆、井深の理想、理念には、心髄していた。井深のためならなんでもする使徒たちである。

共同創業者とされる盛田昭夫は、晩年になっても、「自分の思想、哲学、価値観というものは無い。井深さんのもの、そのまま。井深さんを喜ばすためにこれまで、働いてきた」と言っている。その傾倒ぶりは、イエス・キリストに対するパウロのようである。

井深の理想をそのままで大会社にした大賀はセント・ピーターで、その王国を大変革した出井伸之はマーチン・ルッターになる。

もちろん、敬虔なクリスチャンである井深がこのような比喩を許すはずもないし、教徒の方にも申し訳ない。出井にも怒鳴られそうな気がする（実際に別件で出井に怒鳴られた話は後で出てくる）。

会津出身の井深は薩摩人を嫌ったか？

また、井深と盛田の関係は、西郷隆盛と大久保利通に似ている。

私は、父方も母方も曾祖父が西南戦争で戦死し西郷隆盛と同じ墓地に眠る純粋の薩摩人。

だから、西郷と大久保については本も少し読んでいる。

この二人は，静と動、思想と行動、理想派と現実派という良い対象で、井深と盛田の関係に似ている。

西郷は軍事。井深は技術開発のリーダーで、トランジスタラジオ、テレビ、ビデオで技術集団を率いて世界制覇している。

大久保は「政治」。盛田は「営業、渉外」の達人で、直前に病気で倒れなければ経団連会長になっていただろう。

西郷と大久保は意見が違い争ったという説もあるが、夢想派の井深と実務家の盛田も、事業の実行面では異なった行動をとっている。「井深さんの約束したことを取り消して歩くのが、わしの仕事だよ」と盛田が笑いながら、私に言ったことがある。

「西郷さんと、わしの間の事は、二人にしか、わからんのだ」と大久保は言っている。井深の御子息も「あの二人の間のことは良く分からん」と言っている。私は井深、盛田同様、西郷と大久保も最後まで、刎頸《ふんけい》の友であったと思う。

とはいえ、西郷と大久保は最後に分かれて、戦争になる。

しかし、この西南戦争は、私は西郷と大久保が仕組んだ芝居だと思っている。西郷が死んだとき、大久保は感想を訊かれて、「国家のために賀すべし」と応えた。国の為に良かった、とも理解できるが、私には、「西郷さんありがとう」と聞こえる。国のためなら死ね、と言ったのは西郷である。西南戦争が西郷と大久保の最後の大芝居だった証拠はない。

ただ状況証拠はあるように思う。

大久保は明治天皇には話したかもしれない。帝の西郷の死後の御措置をみれば窺われる。

西郷の部下たち、桐野利秋、篠原国幹、別府晋介なども知っていた可能性もある。明治維新を始めたのは自分たちで、完成させるのも同じ。これで、日本は不満分子が出なくなる。という決意だろう。国のためなら死ぬ人たちである。私の祖父、祖母たちは、もちろんこの戦争でひどい目にあったが西郷を恨む話は聞いたことがない。

大久保は兇漢に暗殺された。西郷に死んでもらった身としては本望であったろう。天国で大久保が西郷に挨拶したら、西郷は、「もへきやったか、おはんらしか、おやっとさあ」と応えた。鹿児島語で、「もうきたのか、あんたらしいなあ、おつかれさま」。ちなみに、薩摩人は「鹿児島弁」とはいわない。「なまり」ではなく、これこそが「言語」だと思っている。

誰でもお国自慢をするが、やりすぎだ…。お許し下さい。

ソニー創業者井深大は会津の出身なので薩摩は大嫌い。それでもソニーには薩摩出身の先輩役員が三人もいて、後輩には副社長になった人もいるから、差別をしているわけではなさそうである。先輩役員の一人は、会津と薩摩に関する分厚い書物を書いて、「薩摩は会津には何も悪いことはしていない」と井深に弁明したがききめは無かった（ようだ）。

「会社は入るところで、やめるところではない」

私が転職したことが二度も出てきたから、それを整理しておきたい。

一度目は二十四歳の時、大商社（伊藤忠商事）から町工場（ソニー）へ。

当時、就職状況は売り手市場だった。ある大学関係者はこんなことをよく言っていた。

「一ツ橋の卒業生は、頭が良くて成績も良ければ官庁に入る。頭が良くて成績が悪ければ商社に入る。頭が悪くて成績が良ければ銀行に入る。頭が悪くて成績も悪ければメーカーに入る」

頭も成績も悪い私は、どういうわけか商社（伊藤忠商事）に拾われたが、結局、メーカー（ソニー）に転職したのだから、この関係者の指摘はまったく正しかったということになるであろうか。

ともあれ、海外貿易業務もやらせてもらえないことに不満を抱いていたこともあって、辞表をだしたら、部長に、「そんな会社は三月でつぶれるぞ」と言われた。もともと「こいつは馬鹿だ」と思っていたが、やはり馬鹿だったたか、という表情だった。人事部長には、「だめになったら相談にきなさい、どこか探してあげるから」と憐れみをこめた顔で言われた。若気の至り。会社は入るところで、やめるところではない。この言葉はこれから何度も出てくる。その転職した会社に足かけ四十年以上もつき合うことになる。

二度目はその町工場が国際企業になったソニーアメリカから米国大企業へ現地で転職したのだ。これは少し詳しくお話したい。当時、現地支配人に酷使されている日本人社員には、「まず五百ドル貯めよう」という言葉があった。現地で辞表を出しても日本に帰る旅費が無い。

だから、辞表を出せるよう、帰りの最低の航空運賃五百ドルを貯めようというのである。

当時は一ドルが三百六十円の時代で、妻帯者の月給でも四百五十ドルくらいだったから、五百ドルは大金である。まだＨＩＳなどは無い。帰りの船賃がない移民と同じ身分。

ところが、私は現地で、前述したように米国大企業（シンガー）に超高給でスカウトされ、その本社の正社員になるのだ。シンガーは当時、隆盛を極めたコングロマリットだった。本社はロックフェラーセンターの中心にあった。

上司に辞表を出すと、ただちに荷物をまとめて出ていけ、許せない、二度と顔をだすな、という感じで、石もて追われる如く、退社の儀式も挨拶も無く去った。

この上司は、後でわかったのだが、とても立派な良い人で、迷惑をかけて、本当に申し訳なかったと思っている。とにかくソニーはやめてしまった。少数の日本人の部下が近所の簡易食堂でひそかに送別会をしてくれた。

後日、今度はアメリカ人の部下たちが、ポケットマネーを出し合って買った小さな銀杯が自宅に送られてきた。

私の名前の下に、「九年間、有難う」と書いてあり、その下に会社の名前が書いてある。涙がでた。私は、「過去にとらわれるな」という盛田昭夫の教えを守り、ソニー退社と同時に、ソニー関連の品物はすべて処分してしまったが、退職時の社長出井伸之からもらった小さな感謝状と、この銀杯だけは今でも大切に保存している。

再度「会社は入るところで、やめるところではない」。

人間にも会社にも「国籍」がある

外資系の会社にいたことがあるから、この話もすこししておきたい。

弥生時代の昔から外国人は日本に来て事業をした。その影響は大きいが、外国流の技術は日本に定着したが、会社経営は文化なので、日本の経営は縄文以来変わっていない。日本の経営と同じものは、日本語同様、他国には無い。

第二次大戦が終わり、日本も国際化されて、外国人や外国資本が日本に入ってきた。米国の軍人、軍属あがりが、幅を利かせた時代、一九六〇年頃から資本が自由化され、日本の事情がわからない外国人幹部が経営して、労使紛争や業界摩擦が絶えず、混乱の時代、そして今は、安定から、経済の低迷で外資が逃げ出す時代になっていった。そこに密かに中国大資本が忍びこむ未来もありそう。

そうなると、少し前の日米貿易摩擦、経済摩擦、文化摩擦以上の日中経済摩擦、文化摩擦が起こりうることになろう。日中歴史摩擦もあるから話がさらにややこしくなるかもしれない。

かくも、時は移り変わるが、日本には、日本の会社と外資系の会社があり両者は明らかに違う。

会社に国籍はあるか、と外国人と議論したことがある。結論は、もちろん、すべての会社に「国籍」がある。現地の法律により設立された会社は、法律的には「現地国籍」には違いない。

しかし、企業は独自の活動をする人間集団で、その意思決定の中枢がある国に「国籍」「出自」がある。

ソニーは株主も社員も、売り上げも、圧倒的に日本以外に所属しているが、れっきとした日本企業である。トヨタもホンダもＩＢＭもＧＭも国籍は明白である。

そこで、日本にある外資系企業。「日本法人」ではあるが、「国籍」は外国。

日本とは違うルール、システムで運営されている。

日本の企業には、そもそもルールやシステムが無い。あっても守られない。以心伝心、仕事は空気を読んでやる。空気に字が書いてあるのは世界中日本だけであろう。

外資系の企業で長く働いた日本人は、日本の企業では働きにくくなる。


一般的に外資系企業は、給料が高い、休みが多い、勤務時間が短い、などの利点がある。

しかし、基本的には、支店だから、本社の意向に振り回される、自由がない、自主性が持てない、キャリアー向上が望めない、などの不利な点がある。


大切な点は、日本の企業の経営方法は、外国、特に欧米諸国とは非常に異なることを理解しておくことであろう。

日本は基本的に、縦社会、年功序列、家族的経営、相互補助、慣習重視、であるから、外資系企業には違和感がある。

それを乗り越えて、実績をあげられたら、すばらしい。

外資系勤務は国際結婚と同じく、それ自体は非常に望ましいものであるが、そこに飛び込むのは覚悟と努力と忍耐が必要になる。

私の個人の希望としては、若くて有能な人はどんどん外資に入って腕をみがくといい。

もちろん、ハイリスクは覚悟の上。そして、まわりもそのような人たちを心から応援するようになってほしい。

第二章　「還暦」&「古稀」からの人生再稼働

「さくら」としてヘッドハンターお狩場に参加？

普通のサラリーマンの定年はいまでも六十歳。

政府が、年金支払いを遅らせたいため、六十五歳まで定年延長の旗を振っているが、実質六十歳定年は変わっていない。

政府はさらに七十歳までは、定年延長を伸ばそうとするであろう。

この定年というのは江戸時代からあったようで、もちろん平均寿命が四十歳くらいの時だから定年も五十歳あたり。

なぜ定年があったかというと、功労のため、というが、おそらく現在と同じ、老害防止。権力者にやめろとは言いにくい。他人の嫌がることはしたくない国民性から、こんな制度でもつくらないと、いつまでも老害がはびこる。

長幼の序とか、先輩を敬えとか、親に孝行すべし等々、年長者が自分の利益のためにかってにつくった制度や道徳だから、たちが悪い。その横暴さに、辛うじて抵抗しているのが定年制である。大事にしなければならない。

私は、ソニーを正式には七十歳で定年退職したことになっている。前述の出井ソニー社長の感謝状も、二〇〇五年、私の七十歳の日付がある。しかし実質的には、六十歳でソニー本社を追い出され、子会社の社長になり、その時以来、自分は再就職市場に売り出されたと感じている。

エグゼキュテイブサーチという業種がある。

極めて小さな事業分野だが、人材紹介業の一部分で、私の創立したCEAFOMもその中にいる。アメリカ生まれの事業で、事業会社に依頼され、詳細なJD（Job Description，職務仕様書）を創り、その条件に合った人材を、市場から引き抜いてくる。自称コンサルタント、俗称ヘッドハンターという人々の集団である。大きな会社はない。個人事業もある。対象は事業会社の社長、役員級が主体だが、部長級、専門職の課長位まで手を出す。

日本で、エグゼキュテイブサーチが最初に活発に活動したのは、前述の外資系企業の日本の幹部求人で、一九六〇年ごろからであろう。私は一度外資系にいたこともあるので、ソニーに再入社してからも、ヘッドハンターに盛んに追い回された。

もちろん転職の意思はないと断ると、部下や同僚を紹介してくれと言われる。それも拒絶すると、転職しなくても良いから、話だけでもきいてくれという。以下の話は、私自身が「共犯」になったケースである。

外資系の企業は、日本での幹部採用に本社の許可が必要な場合が多い。

そのため、本社から人事担当の役員が日本に出張してきて面談をする。

ヘッドハンターとしては契約上、何名かの候補者を期日までに用意しなければならない。

そこで私に転職の意思は無くても、本社の役員に会うだけ会ってほしいという依頼である。朝食会や夕食会の事もある。オフィスで会うこともある。

私としては、米国のトップ企業の役員級の人と親しく話すのは面白いし、その企業の詳しい事業活動を訊くこともできるから、興味津々である。豪華な食事も悪くない。かくて私は、「さくら」になって、さかんに面談にいくことになる。外資にとっては、ソニーの若手トップエグゼキュティブが候補なら、興味があるに違いない。

もしどうしても採用したいと言われたらどうするか。

ヘッドハンターは心得たもので、その時は、破格の給与条件をだせば必ず破談になるから、心配しなくてよいという。

実際は本社の役員はプロで、「さくら」くらいは一目でわかる。採用の話に進んだことは一度もない。

面談の話題も、日本経済やソニーの事ばかりで、私自身のことは一つも訊いてくれない。

ただ、この役員たちは、帰国したら、「良い候補者に多数会った、ソニーの幹部にも会ったが、これは出来が良くなかった」などというレポートを社長に出していただろう。これはまだ再就職活動ではなかったのだが、いよいよ、こちらから「ヘッドハンター」してくれるようにおねがいに行く時期が来てしまった。

「古稀」間近の私は見向きもされなくなった

「還暦」(私の場合は「古稀」ちかく)になった定年退職者が職を探すにはどうすればよいか。

「自分を売る」ことは、すなわち「マーケティング」だ。

それなら専門で何十年もやってきたから、出来るはず。マーケティングの三要素、「市場」と「競争相手」と「自分」を知ること。

まず、「市場」は人不足、人材不足であるはず。しめしめ。

「競争相手」――仕事の能力には自信がある。実績を見てもらいたい。語学力、プレゼン力、どのような場面でも経験豊富、負けるはずは無い。元ソニー重役、子会社社長だ。早速売り込みに行こう。相手はこれまで付きまとっていたヘッドハンターたち。

顔は広いから、皆すぐ会ってくれる。ところが、「自分が仕事を探している」と言うと「ご冗談でしょう」と返ってくる。「おやめなさい、悠々自適はいかがですか」と言われる。

求職者を年齢、性別などで、差別してはいけないことは、日本でも法律で定めてある。

ところが七十近くになったビジネスマンの求人はゼロだった。突然、自分が市場で無価値であることが分かる。年齢はガラスの天井どころではない。鋼鉄の小部屋で出口がない。そこで、私は自分で人材紹介会社を創って、高年齢者の再就職の研究を始めた。その話はあとで詳しく述べる。

ともあれ、そのうち、紹介会社の社長は会ってくれなくなった。若い担当が出てくる。社長は急用で出かけたという。こちらは手土産まで持って会いに行ったので、いささかみじめである。

この業界は、極端な成功報酬の世界だから、役に立たないものには、目もくれないのは当然。ほかにどこにも欠点はない。ただ高年齢、それだけの理由で誰も私を相手にしてくれない。

こんな非合理が、二十一世紀の自由経済のなかで許されてよいものだろうか。

ソニーにしても、子会社の社長は、業績に関係なくいつでも首になる。それは周りを見ていてよくわかる。

親会社の都合で、すぐ交代する。もちろん、首になってもしばらくは顧問として給料もくれるし、別称、顧問長屋には部屋もあれば秘書までいる。

しかし仕事は無いので、そんなところには、死んでも入りたくない。会社は仕事をするところだ。そこで、仕事探しは続くが、無いものはない。さてどうしたものか。

高齢者であっても、人によっては引く手あまたという。先輩、後輩、同僚、知人が仕事を持ってきてくれるという。本当だろうか。そのような人はいるには違いない。

しかし私には、もちろん日銀総裁（ないしは副総裁、いやせめて日銀政策委員会の審議委員）もＮＨＫの会長（せめて経営委員）の話も来なかった…。

なぜだかはよく分からない？

まぁ、普通、還暦すぎて退職したら、再就職の話はあまり来ないのだと思う。さてどうしたものか。前述のとおりハローワークに行くのは気がひける。さてどうしたものか…と日々（多少は）悩んだ。

日本には役立つ「ビジネス・スクール」がない

世の中には「ビジネス書」が氾濫している。

ビジネスマンの書いた「生きかた」の本もあれば、「就職ガイドハンドブック」もある。

どうすればいいところに就職できるか、出世できるか、幸せになれるかの情報があふれている。

このような本は役に立つのであろうか。私は一切このようなものは読んだことがない。世の偉大なビジネスマンが読んだとも思われない。

ビジネスは学問ではない。野球や水泳と同じく、体で覚えていくものである。うまい人と下手な人があるのはやむを得ない。ただ、本を読んでもうまくも早くもならないことは事実である。

私は、前記のソニーの子会社の社長時代に、大学、企業、政府機関などで、多くの講演をこなした。これは時間があったのでボランテイア活動をしたまでである。

盛田昭夫はビジネスマンも還暦をすぎたら、後進のため、教育、指導をするべきだ、と言っていた。それを実行に移したにすぎない。

とはいえ、ビジネスは座学では学べないので、私は講演の価値もあまり認めていない。セミナーなどの多くは時間と費用の無駄だから、参加しないほうがいい。

ただ、私がビジネスの講演をしきりにしたのは、若い人の「世間」を広げておきたいと思ったこと、若い人が世間の誤謬に染まらないように、多様な考えを提供したかったからである。だからビジネスのやり方、ノウハウを教える気はない。この本も、そのような目的を持っている。

日本には良い「ビジネス・スクール」が無い。

外国には名前をきいただけで、それはすごいと就職に役立つようなＭＢＡ（経営学修士）が沢山ある。

日本には一つもない。

私は人材紹介会社をしているが、技術系の大学院出身者は「院卒」だと就職に有用なことがあるが、非技術系の求人で日本の大学院出身の経歴が要求されたり、役に立ったと言う記憶は一例もない。

これは学会の怠慢である。

それと同時にビジネスサイドの怠慢でもある。ビジネスは本でも座学でも学べないことは事実であるが、良いビジネスマンと接すること、ケーススタディを一緒にやることは、必ず役に立つ。実業界と大学が一体になって、ビジネスの改善を考えるスクールが日本にもできてほしいものである。

「年寄り労働者」は「体」より「頭」を使え

ともあれ、ビジネスマンには仕事の場がなければならない。

つまり就業していないと動けない。

自営業と言う方法があって、自分で自分を雇ってしまえば、失業はしない。

この方法は詳しく後述することになる。とりあえずは、雇い主を探すことに専念しなくては。

その前に一言。

雇用関係は、通常の商取引とは違う。

商法や民法の世界ではなく、労働三法（労働組合法、労働関係調整法、労働基準法）が基本法。このようなことは、学校では誰も教えてくれない。大学の経済学部でも教えてくれなかった。

採用に、「内定」というものがある。新卒採用で多用されているからご存知の方も多いだろう。

会社側が勝手に「内定」を取り消したら、大変なことで、損害賠償の対象にまでなる。しかし、「内定」は、学生、候補者側がいくら取り消しても平気である。憲法で保障された「職業選択の自由」があるからだ。雇用に関しては、決定権はもちろんのこと、条件交渉も、すべて個人の固有の権利で代理は認められない。人材紹介会社は、情報の提供者であって、決定や条件の交渉はできない。

さて、還暦どころか古稀が近くなってきた六十代半ばに仕事を探すことになった私。ビジネスマンを継続したい。仕事に貴賤はもちろんあり得ないが、ビジネスマンは基本的に頭脳労働者（英語で言うKnowledge worker）である。

タクシーの運転手、マンションの管理人、ビルの清掃員は、いずれも立派な職業ではあるが、「ビジネスマン」ではない。『五十五歳からの生き方を見つける』とか、『年金じゃ足りない　収入を得る仕事100』『65歳で月収4万円　年金をもらいながら稼ぐコツ』『50歳からの仕事カタログ』といったタイトルの本が山ほど書店に並んでいるが、そこで紹介されている職業の大半は、そのような職務である。

それは立派な職業だが、「若い人は頭を使え、年寄りは体力を使え」というのでは、逆ではないか。

高齢者でも専門職はそこそこできるではないか。

高齢の医者、薬剤師、弁護士、会計士などは沢山いる。百歳を超えた医者・日野原重明さんもいる。大会社の経営職は、重労働だから、年寄りには向かないかもしれない。だが、ちいさなグループの管理なら十分出来る。

私は、マーケティング、営業が専門で、企画、管理が少しできる。つまりフロントが専門で、バックが少しできる。さてこれで、どこかで使ってくれるところはないかと探した……。結論として無い……。ううむ…であった。

松下幸之助は成功した「ビジネスマン」?

ここで、また脇道に逸れるが、「ビジネスマン」(ビジネスパーソン)という言葉について、定義をしたい。

男女雇用機会均等ということで、「ビジネスマン」というのはおかしい、「ビジネスウーマン」も含まれるのなら、「ビジネスパーソン」とすべきだという議論がある。勘弁していただきたい。

「マン」には「人間」という意味もある。女性がやったら、サンドウィッチマンはサンドウイッチパーソンとなるのだろうか。本書では、ビジネスマンはビジネスに係るすべての男女を意味させていただきたい。ただ、最近は「フレッシュマン」と言わず「フレッシャーズ」という言い方がすっかり定着してしまったようだが……。

さて、ビジネスとはなにか。

要は「金儲け」であると定義してよい。政治、教育、宗教などは本来ビジネスではない。資本主義の社会でお金儲け、つまり投入した資本よりも余剰の利益を得ようとしている人々は、みな「ビジネスマン」である。余剰の利益は、消費もされるし、蓄積もされる。

もちろん余剰の利益が得られないこともある。その時は、蓄積から減らすか、周りに援助してもらうしかない。

これが、現在社会のビジネスの基本の仕組みで、周りにいるひとの多くがビジネスマンである。

この本はビジネスマンのために書かれている。他の人の参考にもなるかもしれないが、ビジネスマンが、ビジネスマンのために書いている。

では、「人生の本質はビジネスか?」と聞く人があるかもしれない。

もちろん違う。

人生の尺度は「幸福」であろう。お金と幸福とは何の関係も無いことは、キリスト様の昔からわかっている。キリスト様は、お金はむしろ幸せな一生のためには、有害だと言っておられる。お金持ちは天国には入りにくい。私が、トランプさんと天国で会う機会が少ないのはいかにも残念だがしかたがない。

ではそのお金を稼ぐのが本来の仕事であるビジネスマンは無価値なのかというとそうではないであろう。お金を稼がなくては、食べていけない、生活は豊かにならない。世界の文明はビジネスマンが支えてきた。私は、高いビルの窓から、東京の中心地、日比谷、大手町界隈を眺めるのが好きである。あの戦後の荒廃の中から、この近代都市を創り上げたのは、われわれビジネスマンだ、と誇らしく感じる。

ただ、ビジネスマンは思い上がってはいけない。人類は、地球上に誕生以来、生きるため(喰うため)に働いてきた。確かに生産性を上げて、富を蓄積はしたであろうが、ビジネスマンの受けもちは、せいぜい胃袋から下である。人類のために本当に価値あるもの、芸術、宗教、科学から民主主義の制度まで、これらは、ビジネスマンの創ったものではない。良いビジネスマンは社会の発展に必要である。ただその職務は、「縁の下」のもので、いくらビジネスで成功しても、その人の価値が上がるわけではない。せいぜい雇用を増やし、税金をたくさん払って、世の中にご恩返しができれば良いのである。

松下幸之助さんは「無税国家」を主張しつつもソニー同様、町工場だった松下電器を世界のナショナル、パナソニックにして税金をたくさん払った。

なおかつ「松下政経塾」まで作って、国家指導者を育成しようとした。卒塾生のなかからは、首相(野田佳彦氏)まで輩出した。ビジネスマンの鑑といえる。また、この本の担当編集者も松下政経塾出身の編集者と聞いている。「売れる本」でなければ作ってくれるはずもないのだが…。

ただ、ビジネスマンであることは、楽しいし、生き甲斐がある。芸術家と同じように、人に喜んでもらえることも多い。特に仲間と一緒に働けることは、幸せをもたらす。もちろん苦しいこと、悲しいことは沢山ある。職場のセクハラ、パワハラなど日常茶飯事だ。それは人生の一部だから仕方ない。

この本は、あらためて申し上げるが、ビジネスマンの、ビジネスマンによる、ビジネスマンのためのもので、苦楽を共にする仲間へのメッセージである。

シルバー世代には選択肢がない？

さて本論に戻して、就職活動の続き。

紹介会社にはそっぽを向かれ、ハローワークにはプライドと世間体で行きにくく、先輩や後輩、仕事のコネを使うのは、自負心が許さない。

元来人にお願いするのが嫌いな性質なので仕方がない。十数年前は今のように求人サイトなどは、発達していない。もちろん求人サイトはあっても古稀老人にスカウトが来るはずがない。

また、ネット上のサーチも当時はほとんど無い。これまた、たとえネットがあっても、携帯電話もろくに使えないアナログ以下の情報機器音痴だから、役には立たなかったであろう。

ちなみに、アメリカでは、転職活動は日常のことで、新聞には求人広告が一杯掲載されている。また求職者が新聞や雑誌に自分の広告をだしての求職活動も盛んだ。街角には、不動産紹介と同じように仕事の紹介会社があるし、大手の紹介会社もたくさんある。

これは紹介会社を始めるのに日本の様な許認可はいらないし、労働基準法六条で求職者から対価を受け取ってはいけないというような法律も無いからである。日本の法律や制度については後で詳しく御説明したい。とりあえず、ここでは、日本でシルバー世代が再就職活動をするというのは極めて不自由であまり選択肢がないことを申し上げておきたい。私の頃に比べて改善はされてきているものの、まだまだである。

とにもかくにも、会社を辞めてしまったら、どうなるか。

なにもしない選択肢は無い。「悠々自適」という名の、家でゴロゴロでは、家庭も自分自身も精神的にも経済的にも崩壊することは目に見えている。学校に行き学ぶような余裕は老いた頭脳に無い。仕事をみつけてそれをする以外に、時間を使えない。これは、普通ではないかもしれない。

私のいまの年齢（八十歳前後）になると、さすがに仕事をしていないひとは沢山いる。仕事をしないでいられること自体は、ある意味でうらやましい。ただ、自分にそれができないことは明白である。生きるということは社会のために生産活動をすることだ、という観念がなぜか身にしみついているから仕方がない。そこで仕事探しを継続する。

高年齢者の再就職は、肉体労働もそうかもしれないが、特にビジネスマン、知識労働者にとり技術職を含めて極めて困難である。

これは十数年前、古稀の私が自分で活動した体験と、その後、人材紹介会社を創業して、この問題について大量の時間と資金を投入して研究した結果からも明白で、現在も変わりはない。

このテーマについては、後の章で詳しく報告する。

第三章

「シルバー男」が「新入社員」として入社し試行錯誤の日々

「新入社員は口を慎むべし」

ともあれ、定年退職（役員定年七十歳）がせまり、行く場に困っていた私がおもしろい再就職先をついに二〇〇二年に見つけることができた。

当時、私は、ソニーの子会社の会長。そこに人材を派遣していた会社がクリーク・アンド・リバー社。今でこそ、東証一部にいるが、当時はまだ創業したばかりのベンチャー企業だった。

テレビ放送を主体とする映像産業に専門職を派遣するという独創的なアイデアがあたり、しかもその運営に抜群の手腕を発揮した創業者・井川幸広氏と知り合いになった。ソニーの井深大が私の第一の人生の師であったと同様、井川は私の第二の人生の師である。そこに入ることになったのだ。

ただ、入社については、すこし凝《こ》った内容になっている。取引先に、クライアントの地位を利用して就職したとあっては、汚職になる。私は、井川に、近いうちにソニーを退職するが、そちらの会社で使ってくれませんか、と申し出た。

当時ソニーは映像業界では力を持っていたし、利用価値ありと井川は判断したのであろう、快諾してくれた。そこで私は条件を出した。「新入社員」として採用してもらいたい。給与などの条件は大学新卒と同じ。仕事の内容も同じ。営業も、企画も、管理もなんでもやる。新卒には負けない。どうですかと。

井川のえらいところは、想像力と決断力のあるところ。もともと映像作品の優秀なクリエーターだから、こんな私の申し出も前例のないことなぞ惧れていない。「いいですよ」とこれも快諾してくれた。

「四月一日が新卒の入社日ですから、その日から来てください、人事担当に伝えておきます」ということで、六十六歳の新卒社員が誕生した（ただ、誕生日が四月下旬なので、入社するやすぐに、六十七歳になった。古稀まであと三年だった）。

井川が人事担当にどのように説明したかはわからない。

四月一日に出社してみると、人事部の若いマネジャーが出てきて、「机は用意しました。ほかのものは、これから発注します。入社式はありませんが、全員集合をさせて、そこで、各新入社員は決意表明をします。郡山さんもお願いします」と言われた。

全社員は百人くらいいる。職場のフロアーに集まった。そこで井川社長が新入社員十名を紹介する。各自が、入社の決意を宣言する。「私も、がんばります、よろしく」と発声したが、社員の半分くらいは爆笑して、あとは心配そうな怪訝な顔をしていた。

人事部の若いマネジャーが新入社員を集めて、オリエンテーションをした。終わりに「質問はありませんか」といわれたので、「この会社には、会社の理念など書いたものがありますか」と訊いてみた。マネジャーは、「そういうものはありません。井川社長が語る言葉が理念です」と答えた。そして、「それがよく変わるので…」と笑って付け加えた。

私は「それならソニーと同じです」と思ったが、口に出さなかった。「新入社員は口を慎むべし」。

最後に、「これから、電話の掛け方、挨拶の仕方などの訓練をしますが、郡山さんは除外します」と言われて、部屋から追い出された。

パソコンにギブアップ？

いきなり新入社員が一人増えたので、新しい机は間に合わなかったに違いない。総務部門の端に空き机があってそれが、私の席になった。半世紀ほど前に大商社に初めて新卒で就職した時も、立派なスチールの机があった。サラリーマンにとって、机は城であり、家であり、ねぐらでもある。その時は、鉛筆とざら紙、そろばんが机の上に載っていた。

ところが時代は変わって、今度は、そこにデンとPCが置かれた。さて、これには困った。実は、PCには十年ほど触ったことがない。

話は脱線するが、PCには浅からぬ因縁がある。人類は十九世紀から二十世紀にかけて、蒸気機関、内燃機関、電気モーター、原子力などを次々に発明し、動力を手にいれた。そして二十世紀半ばすぎ、半導体を発明して知力まで手にした。その道具をコンピューターという。小型化が進み家庭に一台、個人に一台の時代が来るというので、私の勤務していたソニーもそれを製造して販売することに決めた。

その事業責任者に任命されたのが、なんとアナログの帝王(?)の私である。電子機器の小型化、高性能化、新規応用開拓では画期的成果を上げ続けているソニーにとって、これほどの好機会はない。優秀な技術陣を集めて、小型、高性能、(得意の、世界で初めての)交換可能メディアドライブ二基搭載、ビデオ信号とのインターフェイス将来可能、というものすごい製品を完成し発売した。

特に後者の二つの性能は、いまではPCの常識だが、当時は、まだどこも実現できなかったものである。メディアはソニー発明の3・5インチフロッピイで、デザインも美しい。来社した、まだ無名時代のビル・ゲーツに、鼻高々デモをしたこともあった。

だが、このプロジェクトは事業としては大失敗で、多額の赤字を出し、私は事業部長を解任され、事業部自体も解散になった。もちろんソニーはこの失敗を闇から闇に葬ってあるから、輝かしいソニー史には出てこない。

失敗の原因は、コンピューターには、ハードウエアだけでなく、OSとソフトウエアという大切な要素があることを理解していなかったことによる。エンジンが市販の燃料を一切受けつけない自動車を作ったようなもので、これは事業部長の責任である。お化けと素人は怖い。私はビジネスマンとして多くの失敗をしているが、これが群を抜いて最大最悪あることは間違いない。

ソニーは学習効果のある会社なので、この体験は、後の製品に活かされている。

また、その時に参加して、職場を失ったエンジニアの多くは別の製品開発で活躍したので、名誉復活、僅かな慰みはある。ただ、私はそれ以来、コンピューターが大嫌いになり、二度とPCには触れなかった。したがって、PCは全く使えない。

新入社員として、目の前にPCを置かれて、まさかPCを使えないとは言えない。「電話の応対」についての研修があるなら、パソコンの使い方の研修をやってほしいが、いまどき、そんなのは学生時代にマスターしているというのが当たり前。ソニーはいやしくも大手電機会社である。

もちろん新しいPCビジネスにも参加している。そこで情報機器の事業責任者だった人が、この十年キーボードに触れたことがないというのは、採用企業としても、信じてはくれまい。

「ああ、そうですか」といかにも昨日までPCを使っていたような顔をした。ただ、「このモデルは使ったことがないので、使い方だけ教えてください」と。

言わずもがなだが、なぜ、まずＰＣが来たかというと、当然のことだが、自分のメールアドレスがなければ名刺も作れないし、社内の行事の予定や通達、命令なども把握できない。

そんなの当たり前でも、私にとっては初めての体験である。なぜなら、私は、それまで、三十年間、秘書がいて、身の回りのことはすべて彼女がやってくれていた。スケジュール管理は任せっぱなし。自分で書類を作ったり、メールを書いたことがない。「ははあ、これはえらいことになった、これではすぐ首になりそうだ、まずなんとか急場をしのごう」とＰＣの使い方を必死になって飲み込もうとした。生来不器用だが、そこは電機メーカー出身で、なんとかごまかしたが、おそらく周りの女性たちは気が付いていたと思う。

私は、「一応使い方は分かっているんですが、社長稼業が長かったので、ひとにやらせる癖がついていてね、すみません。これから自分でやるけど、あくまでも新入社員だからいろいろ教えてください」と、下手な言い訳を続けた。

新入社員二年目で「子会社社長」「監査役」に抜擢される？

この会社は、いわゆるコンテンツ産業の一端をになっていて、社内にきらびやかな雰囲気があり、特に女性社員に逸材が多かった。メーカーは男社会で、製造も販売も、やはり男性主導のところがある。だが、コンテンツ産業は、世界中の女性の「ビジネスマン」が活躍している。

みんな、よく働くし自立の気風もある。

これは、基本的にショウビジネス。どう美しく見せるかが勝負。そのあたりのノウハウは女性にはかなわない。ダーウインは生き物の進化の原動力は女性である、と言っている。それがショウビジネスの本質であろう。

イベントなども沢山あり、面白い。パソコン操作には面食らったが、いい会社に入ったなと感じた。

仕事は、「経営の手伝いは一切しませんから」と井川社長に断ってある。

そこで新規事業の営業を手伝うことになった。これはネット系のビジネスで、難しいとは思ったが、熱心にやってみた。

結局うまくいかず、プロジェクトは中止になってしまった。ネット系のサービスビジネスは、よほどアイデアが良いか、あるいは大型投資ができるものでなければ成功しない。この件は残念ではあったが良い勉強になった。

そういうことで、私は、厄介な、役に立たない新入社員であることが次第に明らかになってきた。

この体験は、この後人材紹介会社を創業して、高年齢者の再就職の問題に本格的に取り組む時に非常に役に立っている。

一方、会社の方は、上場に成功し、その資金を使って始めた新規事業が沢山あり、うまくいっているところ、難しいところなどたくさんあり、非常に忙しい。

結局、私にはそれしかできないので、経営の相談に乗ることになり、業績不振の子会社の「社長」にされてしまった。

新入社員が、二年で子会社社長になるのは、上場企業では新記録だろう。この子会社では、熱心に経営し、黒字化に成功した。その二年後に退社して、今度は、本社の監査役になった。ふつう、新入社員が監査役になるのは、入社後三十年以上かかる。四年は新記録だろうが、どちらかというと、恥ずかしい。あくまでも営業で成功したかった。

やはり「新入社員」は無理だった…

この時の私の身分は、クリーク・アンド・リバー社の子会社社長、兼ソニー株式会社顧問。

どちらも、沢山ではないが給料を払ってくれていた。先に、ソニー顧問の事について。これは日本の多くの会社で行われている制度で、退任した会長、社長，役付役員などが、相談役，名誉某、顧問などの名前で、ほとんど何もしないのに、給料を支給するもの。これは絶対に廃止すべき制度で、何の意味も無い。

「天下り」と「顧問制度」は、法律で禁止したらよい。その制度の受益者がこのようなことを言うのは、忸怩《じくじ》たるものがあるが、企業は合理性の無い、具体的効果のない経費は決して支払ってはならない。ソニーはこの制度を廃止したようだが、新経営陣の功績である。

子会社社長については、先に述べた。これも歳をとったらやるべきではない。何度もおなじような話がでるが、社長ほどみじめな商売はない。子会社の社長の上司は、親会社か株主である。

いずれも直接のビジネスにはまったく理解のない、無知な集団で、権限だけが大きい。もちろん無知だから、社長を雇って、職務を委任しているのだが、それならまったく口を出さず自由にやらして、任命と解雇だけやればいい。ところが実際には口も出す、手も出す。

これでは、子会社の本社窓口にいる管理系の若手社員と株主総会に出てくるいわゆる職業株主、総会屋は「五十歩百歩」で似たようなものである。実例は沢山あるからご説明の必要はなさそう。

たとえを言うなら、大型ジェット旅客機の機長に、多くの乗客が寄ってたかって、音がうるさい、振動が多い、もっと早く着かないか、座席が狭い、食事がまずい、スチュワーデスのスカートが長すぎるなどと喚《わめ》いているようなものである。ほとんどの点で機長には何の責任もないし、改善はできない。

機長は、職務と思ってやっているだけで、それならこんな飛行機に乗らなければ良いし、あるいは、自分を事前に首にしておくべきだ、と感じるだけだろうと思う。私は社長という職務を何十年もやっているが、本社と株主だけは、やはり苦手である。

もう一度「集中排除法」を作りたい

ということで、社長はやめることにした。ということはまた失業する。また職探しが始まる。もう新入社員はやめよう。やはり、つとまらない。

定年後の就職初体験について少し付記しておきたい。

入社したのが小型のベンチャーであることには驚いていない。半世紀ほど前にソニーに入社し時はもっと小さな会社だった。

大会社と小さな会社は本質的に違うから、片方にしかなじみのない人は面食らう。大会社は徹底分業、ルールとシステムで動き、八割の仕事は無駄である。小さな会社は、徹底兼業、ルールもシステムも無く、社員はやるべき仕事の二割くらいしかできないから絶対必要なことしかやらない。どちらも過労の傾向があるのは、仕事の内容を自分でコントロールできないからで、これは日本独特の、上位下達が企業の中にも、外にも蔓延していて、上司とお客様が神様になってしまうからである。

この辺の事情は、私はわかっている。

勉強になったのは、そのような点ではなく、現代日本社会の実相である。大会社にいると、社員は、元秀才ぞろい、面白くも可笑しくもない。

小さな会社にはいろんな人がいる。平均すると、小さな会社にいる人の方が、「生活の力」、つまり「仕事の実行力」は大きい。大会社が、無駄が多いのは、システムやルールの問題ではなく、社員の能力が足りないからだと思えてくる。おそらく大きな会社にいた人は、ほとんど小さな会社では使えない。

一方小さな会社にいた人は、大きな会社で、十分務まることが多い。

日本経済を立て直すとしたら、大会社を解体して小さな会社をたくさん作ったらいい。韓国だけではなく、日本でも急務である。もう一度「集中排除法」を作りたい。

もちろん製造メーカーはあるサイズは必要である。製鉄、石油化学などは大工場が必要だから、あまり小さくはできないだろう。だが、基本的に会社は小さいほうがいい。「スモール　イズ　ビューティフル」だ。

もう一つ感じたのは、会社は新しいほうがいいということ。

日本には、世界でも珍しい百年以上継続している老舗の会社が沢山ある。

だが、ソニーの創業時代の面白さは体験した人にしかわからないだろう。新しく創った会社には面白い創業者もいるし、新しいもの好きな社員が集まるから活気がある。それが集まれば、当然活性化された社会ができる。日本にも、これからたくさんの新しい会社が生まれてほしい。

「お払い箱」になる寸前に光明が…

この様な事を漠然と感じているうちに耳よりの話が突然入ってきた。新しい会社を創る提案である。

ソニーで経営戦略を担当していた時、社内ベンチャーの募集をしたことがある。社内に告知して、提案を集めて、良いものがあったら、実際にやってみようということ。これは、日本の大きな会社なら、どこでも思いつく。

でも、絶対に成功しないから、決してこのような馬鹿なことはしてはいけない。一体、大会社でのうのうと育った社員が、ベンチャーの企画が出来るはずがないし、また、その良し悪しを判定できるようなスタッフや幹部がいるはずがない。

ただ、誰かがそのようなことを言いだし、トップがお世辞にも肯定すると、実際にアイデア応募が始まってしまう。これまた大会社の悪弊である。


このプロジェクトはもちろん失敗して、「無事」終了したが、私も悪乗りして、一つのアイデアを出した。

それは、人材の流動性を高め、かつ人材育成にもなるための幹部人材のリース業である。

派遣でもない、紹介でもない、大会社にいて、他流試合をしたい人を募り、企業間でリースしあって、人材育成をすると同時に、人材の生産性を高めるというビジネス目的である。

いろいろ詳細を企画して、なんと、リース専門のＯＲＩＸにアイデアを売り込んでみた。結果として実現しなかったが、私が人材業を考えた最初のケースである。

この企画のことは、すっかり忘れていて、ソニーを退職し、子会社に入り、そこも退職して、人材派遣をしているクリーク・アンド・リバー社で働き、そこもぼつぼつお払い箱になりそうでいたところに、突然、人材業を一緒にやりませんか、という提案がやって来たのだ。

ソニーを定年で退社するひとが、私の上記のアイデアをどこかで知って、それを再度実行しませんか、ということである。そのアイデアはうまくいかないことはわかっていたが、人材業には興味がある。話を訊いてみることにした。

その前に…。

私がソニー子会社の定年が迫り、将来を妄想していた時に、やりたい仕事が二つあった。

一つはファイナンス、もう一つは人材である。私は、外資系の企業に勤務していた時に、M&A（企業合併・買収）に深く関わったことがある。内容はおそらくいまでも機密にしておいた方がいいと思うが、日本の大企業数社と何度も打ち合わせをした。仲介をしたのは、当時世界でもトップの投資銀行である。最近の新聞に交渉相手の方の逝去の記事がでていた。今昔の感あり。

この体験は、ソニーで音楽会社、映画会社、その他の企業の買収の試みに関係したときに役に立った。買収には大金が動く。報酬もおおきい。この世界に入れたら、巨万の富を得ることも夢ではない。お金は欲しくはないが、そのスリルは楽しそうである。ファイナンスの世界の魅力であろう。

ある時、中国系の大きな投資会社から急な連絡があり、面談を申し込まれた。

会ってみるとこれから大きな資金を持ってきて、日本の某企業を買収するから、その投資会社に参加してほしいと言う。報酬は年俸定額二億円、成功報酬約三億円で、初年度五億円くらいだろう、とこともなげにのたまう。三回会って結局断った。やはり断って良かったと思う。大きなお金が動くと、お金の魔力が人間に乗り移る。私は自由でありたいし自分のままでありたい。金縛りになり、その手先にはなりたくない。

結局「人材ビジネス」をすることになった。これは、本当にお金にならない仕事だ。その話はあとで詳述することになる。

「組織的転職凍結」から「組織的転職解放」へ

ともあれ、某ホテルの珈琲店に四名集まった。

ソニーで定年を迎える松本哲郎、その友人で私の長年の知己でもある平松庚三、ベンチャー企業上場させた加藤博敏と私。

ここで、私がソニー時代に考えた人材紹介会社を創業したいと提案された。資金、場所などは、加藤が提供するから、郡山に社長になってくれという。松本がフルタイムで、平松が社外役員。失業寸前の私は前向きに検討することにした。

私の企画したビジネスモデルは成功するのは難しいことは分かっている。しかし、これまで出会った多くのエグゼキュティブサーチのサービスは改善の余地がある。新しい境地が開けるかもしれない。

そのような気持ちだった。

さらにメンバーを集めて、伊豆の下田に集まり新会社の構想を相談した。

起業には、基本的なビジネスコンセプトが必要で、それが正しいと判断されたら、あとは、人、物、金を用意して、事業計画に落とし込めばよい。この辺は、経営戦略、経営企画の経験が豊富だから、出来てしまう。加藤の会社に間借りして、会社を設立することにした。

ソニー創業者井深大が、何かの折に、「自分で会社を創って事業を始めるのは、三十代まで」と言ったのを記憶している。

これは、若い人に自分で創業しろと激励したのかもしれない。

私には、この言葉は、「年寄りはもう自分でやってはいけない、若い人を手伝いなさい」と聞こえた。この教訓を守らなかった罰はこれからいやというほど、経験することになる。私は今、高年齢者が起業することには全面的に反対している。私はいつも、そんな矛盾したサイクルを歩んでいる。

ともあれ、会社は発足することになった。「株式会社ＣＥＡＦＯＭ」。この社名は、ドラッカーの有名な著書からの引用である（Peter F. Drucker; Management Challenges for the 21st Century　邦訳『明日を支配するもの－21世紀のマネジメント革命』）。

その最後のページに、日本経済の空前の繁栄は、終身雇用に起因する。終身雇用は二十一世紀には終わる。その時に日本経済は全く異質のものになるであろう。それが素晴らしい繁栄であることを望む――という趣旨のことが書いてある。

彼は、「終身雇用」を「組織的転職凍結」(Organized Immobility）と定義している。それなら、こちらは「組織的転職解放」(Organized Mobility）の会社を創って、終身雇用が終わっても、日本経済が繁栄するような仕掛けを創ろう、という壮大な主旨がこの会社の創業の精神である。曰く、「Corporate Executives' Agency for Organized Mobility」略してCEAFOM.

日本では、人材業をするには、政府の許可が要る。

人間を売買するのは、売春、高利貸しと並んで、人類最古の商売らしい。文明の進歩のおかげで、奴隷制度は廃止されたが、日本では、つい最近まで、人買いの風習は有った。

敗戦のおかげで、ようやく、すばらしい労働三法ができ、対価を得て、人を紹介することは、原則禁止。

やりたい人は、厳重な資格審査を経て、許可するが、その許可は定期的に更新が必要である。自動車運転の免許よりは、はるかに難しい。一定の資金、一定の場所、などは必須条件である。とにもかくにも免許も全て取得して、会社は無事二〇〇四年二月に発足した。六十八歳のことだった。「古稀」がますます近づいてきた。

「ひとのやらないこと」は「もうからない仕事」だった

ソニーに長くいたので、どうしてもその影響から逃れられない。ソニーの社是に、創業者・発明少年・井深大の思想を継承して「ひとの真似をしない」というのがある。ひとのやらないことをやる。私の会社も、日本のエグゼキュティブサーチでは、初めて完全成功報酬型を打ち出した。これは、内定を出した人材が入社した場合にのみ紹介料が発生するというシステムだ。

あわせて、会社のコンサルタントではなく、候補者のエージェント、会社の御用聞きでなく、会社にタレントを売り込む姿勢を取ろうとした。

これは、少なくとも、当時では斬新《ざんしん》だったに違いない。ただ、ここには大きな落とし穴がある。ひとがやらないのはなぜか。アイデアが浮かばないからだろうというのは夜郎自大である。大天才でもない限り、どんなアイデアでも、誰かがすでに考えている。やるひとがいないのは、それが儲からないという単純な理由から。わが社もやってみたらまさに儲からない。

人でも会社でも生まれた年により、運命が変わる。通常、人は生まれた年により学校を卒業する年度が決まり、その時好況なら就職はやさしい。私が卒業した一九五八年は大好況で誰でも日本のトップ企業から引く手数多《あまた》、夢のような時代だった。劣等生の私も大商社に入れた。私が起業したのは二〇〇四年。デフレ不況時とはいえ、まあまあの状況だったから、儲からない事業でも三年間は赤字にはならなかった。

そこに、大恐慌が来る。

英語では「2007／8年危機」というが、日本語では「リーマンショック」。サブプライムローンなどという言葉は、もうみんな忘れているだろうか。二〇〇八年九月のリーマンブラザースの破産でとどめを刺され、その後も後遺症は続く。

私の会社も、通常の紹介業は、案件消滅で大赤字。

それに加えて、豊富な資金を使ってベンチャー投資、外貨預金などをしていたのが、一挙に裏面にでて資産が霧散した。人員削減、事務所移転など、出ていく金を減らしてみたが、効果は薄い。完全に行き詰まりになった。選択肢として、資金のあるうちに会社の清算、売却を計画した。

清算に関して、出井伸之に相談にいったら、一喝をくらった。

その時、出井はすでにソニーを退社し、自分の会社を立ち上げていた。「やめるなんて、だめです」の一言だけ。それ以上話を聞いてくれない。清算は無しになった。

では売却はどうか。これも交渉をしたが、私自身が売却された会社を三年以上経営する、という条件を突き付けられて、周りの反対もあり結局立ち消えになった。

こうなったら、自分で再生する以外にない。

捨てる神あれば、拾う神あり。ただ、自力に自信があれば、清算や売却を考えるはずは無い。どこかに支援を仰がなければならない。

古巣のクリーク・アンド・リバーの井川に相談した。

「いいですよ、まず社員を二人ばかり貸し出すからやってみてください」と。

例によって快諾。業務提携体制ができた。

参加してくれた二人の幹部社員は、誠心誠意頑張ってくれた。今でも心から感謝している。

ただ、業績の改善は、今一歩というところで、止まってしまった。

いささか短気の井川は、二人を引き揚げた。

私も引き揚げには同意した。

二人のキャリア社員をこれ以上だめにしてはいけない。

ただこの二人が残してくれたものの中に今日のわが社の復活の礎があることは間違いない。

私はこのビジネスのむずかしさを痛感したうえに、解決方法の光明は見出していた。これは一筋縄ではいかない。しかしやりようはある。それ以降、わが社は、大儲けはしていないが赤字はだしていない。

「高齢者の再就職に関する、組織的、効果的活動は不可能である」

マザーテレサの言葉ではないが、大きいことはできない。

私としては、体力、知力、財力はすべて欠けているうえに、七十代では無理もない。ただ志は大きい。

日本国のため、これからの世代のため、そして仲間の高齢ビジネスマンのため、お役に立ちたい（また「ビジネスマン」が出てきたから、補足するが、これは女性も含めている。マンは人類の事。ダーウインの進化論でも、人類に関しては、The Descent of Man, とまとめてある。男性だけが原始人から進化したのではあるまい。ときにはそうではないか、と、思うことはあるが?)。

日本国のため、次世代のためには、企業に対するサービスと若干の税金の支払い(わが社の大きな支払いは、給与を除くと税金だけである)、ベンチャー支援(これは結構成功している。上場したクライアントも沢山ある)など、すこし成果がある。残念なことに高齢ビジネスマンに対しては、いまのところあまり役に立っていない。

十年も前になるが、会社で、高齢者対応のプロジェクトをやってみた。情報産業を主体としたある団体にお願いして、メンバーに定期的に集まってもらい、企画会議をすることにした。テーマは高齢者の再就職。錚々《そうそう》たる有識者、学識経験者が侃々諤々《かんかんがくがく》の議論をした

一方で、厚生労働省、日本商工会議所、地方自治体の地域活性化担当者などとも連

絡を取り合い、実情調査と対応の研究をした。リクルートの研究所にもお願いをして、講義をしてもらった。そして……。どうなったか。

結論として、全ての活動は、何の成果も生まなかった。

いや、生んだかもしれない。それは、「高齢者の再就職に関する、組織的、効果的活動は不可能である」という結論を生み出したからである。

リーマンショックの前のころで、当時、高齢者はある意味で花形だった。団塊世代（全共闘世代）が定年を迎える。ちゃんと退職金をもらえた高齢者たちを相手にしたビジネスが盛んになる、巨大市場だ、というのである。

それらの多くは破産するか消滅した。政府も予算を組んで情報リテラシーの低い高齢者にPC教室などへの参加を奨励した。これも無駄であった。リクルートの調査でも、四十五歳以上の人に新しいスキルをマスターしてもらうのは不可能だと明確な結論が出ている。高齢者相手の教育は税金の無駄使いである。

私の友人の一人が、その時、「高齢者ビジネスは決して成功しない」と予言した。

どこにも先見の明のある人はいるものだ。「高齢者ビジネス」で、儲かるのは葬儀屋くらいだろう。それも死んだ高齢者自身が払うのではないから、「高齢者ビジネス」とは言えない。介護や医療はビジネスではない。なぜ高齢者ビジネスが成り立たないかというと、「高齢者」は、言葉は「一つ」だが、その中身があまりにも多様でありすぎるからだ。ビジネスや制度が成立するのは、ある集団を対象にできる時だけで、ばらつきが多すぎたら、不可能である、という明確な理論である。

「子供」は一様である。「赤ん坊」は必ず襁褓《むつき》やらおもちゃを使うからそれを売る「アカチャンホンポ」も、義務教育としての「小学校」も必然的に成立する。

高齢者には、それが不可能。

同じ還暦、古稀でも健康状態は千差万別。見た目も違う。

子供なら、男はみな髪の毛はフサフサしているだろうが、還暦の男は、禿げもいればば白髪もいる。毛生え薬を求めるもの、白髪染めも求めるもの、いろいろだ。まれに黒髪も。ある人は、妻は自分より十歳若いのに白髪。こちらは禿げずに黒髪だから、一緒に電車に乗っても、席を譲られるのは妻ばかりとぼやいたりしている。言われてみればわかる。

かくて、わが人材紹介会社は高齢者相手には手も足もでない。

ただ、あきらめたわけではない。

若い営業マンであった時、上司に言われたことがある。「営業はNOと言われた時に始まる」。

なるほど、黙って買ってくれる客に営業はいらない。わが社がチャレンジすべきは、「高齢者の再就職斡旋」であることに、変わりはない。

人材紹介業では、受注は極めてやさしい

人材紹介業は単純な仕事である。求人案件を手にいれる。それに合った候補者をさ

がす。紹介する。それだけで、一件あたり、何百万円の報酬が得られる。

私はビジネスマンとしてのキャリアーでは、営業が一番長い。経営者としても、営業活動をしていることが多いから、営業が本職であろう。ソニーに四十年いて、その大半は営業活動をしていた。

営業の基本は受注、納品、代金回収。まず注文を取る。それで営業マンの力量がわかる。ソニーに勤務していて、受注して納品できなかったことは、一度も無いと思う。大体は、先に出てきたアイルランドの工場のように、倉庫に山積みになったものを売るのである。製造できるかわからないものの注文を取ることは、一般の消費財では無い。

ところが、人材紹介業では、受注は極めてやさしい。良い人材が欲しくない企業は無いので、良い人がいますよ、と言って歩けば、注文はいくらでもとれる。

だが、良い人は滅多にいないから、納品できない。良い人がいないから、いたら、大金をくださる。つまり紹介料は、良い人を探す手間賃であり、見つかった時の成功報酬である。この関係は言葉で言うのは簡単だが、実際にやってみると難しい。

「社長ができる」あるいは「社長をやりたい」人ばかり

私の納品率は、この仕事を始めたころは一〇％くらいだった。今は一％くらいだろう。つまり、百件頼まれても、一件しか納品できない。

候補者について考えてみよう。

CEAFOMには約一万名の候補者がいる。

すべて、いわゆる「ビジネスマン」で、いわゆる「知識労働者」「プロの集団」である。「社長経験者」だけでも、二百名はいるであろう。「社長ができる」あるいは「社長をやりたい」という人は、間違いなく千名以上いる。半数以上が、英語堪能、グローバルな仕事ができる。あらゆる業種、年齢層、給与、職種の候補者がいるから、求人案件がでたらすぐに充足できるだろう、と考えるのはもちろん間違いである。

ではインドネシア語がネイティブレベルにできて、現地で五百名以上の会社のトップを五年以上やったことのある四十代の男性はいますか、といわれると、いない。

製造部長ができる人はこれも千人近くいるが、御神輿を創ったことがあるか、大太鼓はどうだ、仏壇は、と言われると一人もいない。これはいずれも求人の実例である。そこで、少しは融通をきかしたい、ということになる。ところが、現在の傾向は正反対になっている。


たった十年前と現在では、キャリアー採用の基準が百八十度違うと思う。

理由は簡単で、日本経済が成長しなくなって、余裕がないからだ。

一方で、求職者は増加の一方だから、難しい条件を付けても人材発掘が可能なようにおもわれてしまう。即戦力と条件硬直である。


即戦力というと聞こえが良いが、実際は、すぐに同じ仕事ができる人はいない。野球の試合のようにルールがすべて決まっていたら、代打でも代走でもできる。ビジネスの世界は、各業界でもビジネスの条件状況がすべてが異なるから、トヨタの社長なら明日からホンダの社長がすぐ出来る、というものではないことは明確だろう。

ところが求人企業はそれを要求する。多くの場合前任者よりも同じ仕事をもっとうまくやれる人が欲しいという。無理な相談である。

人材の採用は、要は投資である。新卒、キャリアー採用、新社長を問わず、それがリスクを伴うことは間違いない。会社に余裕があり、成長中であれば、多少のリスク、つまり損失、失敗の可能性は、大目に見られる。

ただ、現今の日本経済には、そのような余裕も成長もない。国自体が借金漬けで、人口減少中（少子化）だから、企業が楽なはずはない。そこで何が起こるかというと、確実にリターンが得られる即戦力化と安全な人材のみの採用である。

私のビジネスの教師、盛田昭夫は、外部から幹部人材をスカウトするので有名だったが、「採用した中で、三分の一程度、元がとれればいい方だ、実際は五分の一かそれ以下だろう」と言っていた。それが、現在は、「十分の十」が期待されているのだから、人材紹介するほうも容易ではない。

即戦力は、要するにその仕事ができる人を探すこと。プロ野球の他チームからのスカウト、戦力補強に似ている。ただ、米国大リーグからたくさんの選手が日本にくるが、ほとんどが外れであるように、他社では仕事ができても、環境の違うところでは、能力が発揮できないことは多い。

また、能力と思ったのが、単なる幸運だったり、周りに良い人がいたからで、当人の実力はさほど関係なかったということもある。ビジネスの世界は、ルールや相手が野球ほど明確でも、単純でもないから、むしろ人柄や、論理的思考力に長けている地頭がいい人や、応用力のある人を中心に採用したほうが良いように思う。

学歴と転職回数を重視する愚かさ

安全については、もっと難しい。

人事担当は、学歴、職歴、転職回数などを見極めて選別する。学歴は、私は盛田昭夫の「学歴無用論」を信じているから、本当は、気にしたくない。ところが、現在の日本企業の幹部採用は、学歴を極めて優先する。「とにかく有名大卒でなくてはダメ」とくる。

前に文系では大学院卒の肩書は無用と書いたが、大卒の文字に泣く候補者は多い。大学にはもちろんランキングがある。

関東だと、東商（東大・一ツ橋）早慶、MARCH《マーチ》（明治、青山、立教、中央、法政）、上智・理科大までとか、この業界にはおぞましい「俗語」が沢山ある。候補者諸君には信じてもらいたい。学歴は、仕事の能力、人生の幸せには無縁である。仕事や会社の選択にも、ほんとうは無縁であるべきである。

転職回数というのが学歴以上に邪魔をする。

盛田の話ばかりで恐縮だが、盛田に採用されて今日の私があるので、もう少し許していただきたい。盛田は採用基準として、転職回数は多いほど良い、と言っていた。それだけ世間が広い、ひどい目にも合っているだろう、だからわが社に居ついてくれると考えていた。

現在は百八十度違う。辞め癖がある。我慢ができない。協調性がない。だから、転職回数三回以上は、すべて書類審査で無条件に落とす。

これは有名な大会社でも、街角の中小企業でも同じ。私はすでに四回転職している。もはや、どの会社も採用してくれないから、自営業をやっている、というのは、年齢だけの理由ではない。

「あまり複雑な条件をたくさん付けると良い人は採用できませんよ」と人事担当に苦

情を言う。「いや、社長がうるさくてね」と言われる。

社長に懇請すると、「おれはそんなことは言ってない」と言われる。社長を長くやっているから、社長が嘘つきなのはよく知っている。

しかし、全社的にそのようなリスク回避だけやっていては会社の活性化は難しい。思い切って、長所重視の加点方式で、学歴や職歴を無視して採用して下さい！というのが、しがない人材業者の無言のつぶやきである。

かくて私は、また受注に成功し、納入に失敗する

人材紹介業の相手はクライアント、つまり求人企業と，候補者、すなわち求職者である。

少し詳しく述べてみよう。

ＣＥＡＦＯＭのクライアント、登録企業は約千社。そのうち二百社くらいから、現

在求人がある。十二名の小型エグゼキュティブサーチだから、二百社は多いとも考えられるが、日本には二百万以上の会社がある。

わが社の市場占有率は、一万分の一以下である。ソニーにいて、世界市場の八割制覇とか、最も利益の高い市場占有率は六十五％である、などと嘯《うそぶ》いていたのとは、おなじ企業間取引（B2Bビジネス）でも天地の差がある。片隅の零細企業にすぎないが、日本経済を活性化しようという夢だけは大きいと申し上げたい。

わが社のクライアントには日本最大の企業もあれば、一人で始めたので、助手がほしいという超小型の会社もある。

業種も、製造業、金融業、小売業など全てにわたり、つきあいのないのは風俗業界ぐらいである。クライアントをどうやって見つけるか。先方が、誰かに紹介されるか、どこかで見つけて、問い合わせてくる。これは沢山ある。

一方、こちらからも働きかけて、クライアント開拓をする。これは難しいが、理想のクライアントを見つけるのには、これしかない。

理想のクライアントは、決して大金を払って沢山の社員を採用する企業ではない。そういうところは、他の紹介会社が群がっているので、わが社のような、小型ブティックが出る場ではない。小型の成長企業で、社員を大切にする会社が理想である。CEAFOMはクライアント企業を調べて、選んで、候補者も後で述べるが慎重に選んで紹介する。採用された候補者は終生そこにいて、出世してほしい。ことさらの転職はしてほしくはない。なぜなら、それがわが社の財産になり、やがてそこから、新しい求人が来るからである。

人を紹介するのは，木を植えるようなものである。そこで成長して花をさかせ、実がなることを期待する。孫たちがその陰で憩うことを願うものは木を植えねばならないというのはレオン・ワルラスの教えである。実際日本では植樹は国家の行事である。

企業の人事担当、時には、役員、社長を訪問して、聞き取りをする。

ある新進の、成功しているベンチャーの女性社長に呼ばれた。

「郡山さん。どうしてうちの会社には良い社員が入ってこないのでしょうね、給料もいいし、活躍の機会はいくらでもあるのにねえ。私が悪いのかしらん。ちゃんと説明して、良い人を紹介してくださいよ」

「それは、仕事ですから、がんばります。大体、どういう感じの人をおのぞみですか？」

「そうね、まずしっかりした大学をでて、有名企業に入って。企画か本社の管理部門に配属され、十年くらい、そこにいて。仕事は覚えても、そういう会社では、すぐに事業や部門の責任者にしてくれないから、とびだして、もっと小さな会社で経営に近いところで、腕を振るいたいという人がいいわね」

「すると、三十ちょっと過ぎ位の年令ですか？」

「そうよ、うちは三十五過ぎたら副社長くらいにはなれるからね」

そこで武蔵、ではない、私は考えた。そういうひとは、いるにちがいないが、なぜこの会社にこないといけないのだろう。今の会社でも十分だし、もし飛び出すにしても、この会社にはこない。もっといい会社がやまほどある。ただ、それを言ったらおしまいだろう。

「わかりました。すぐに調査を開始して、進捗あり次第、ご紹介します。ぜひお役に立ちたいです」

かくて私は、また受注に成功し、納入に失敗する。

採用側の要求は無理からぬところがある。馬鹿な、無駄な社員はいらない。大金を払って採用する以上、役に立つ、優秀な社員で、しかもトラブルを起こさないタイプでないといけない。しかしそのような人間は沢山はいない。

クライアントとの間には、ＮＤＡと称する厳重な守秘義務契約がある。

特定の案件を候補者に対して、これまたＮＤＡ（秘密保持契約）を含めた合意書を戴いてから開示することはできるが、どの会社にどのようなポジションで紹介した、というような情報は一切公開できない。

まして誰を入れたという話は、個人情報管理の上からもここに書くわけにはいかない。顧客名簿をホームページに出している紹介会社があるが、それはクライアントが承認している場合かも知れないが、一流のエグゼキュテイブサーチがそのようなことをしているのは、あまり見たことがない。そういうことで、おもしろい紹介実例が沢山あるのだが、ご紹介できないのは残念である。

比喩的な実例として難しい案件の例を挙げよう。

海外事業系の幹部をと要望される。先にも一寸挙げたが、インドネシア語がネイティブレベル、電子機器ハードウエアの製造、営業経験があり、インドネシアで百名規模の企業の経験五年以上、四十代半ば。

まず、インドネシア語がネイテイブレベルで話せる日本人は沢山はいない。しかも、大型の企業で、経営経験があって、しかも現地語ができるという人はすでに、そこで活躍しているから、仕事を探してはいない。

あるとしたら、上司と喧嘩でもして飛び出した場合位であろう。そういうひとの出現を待つのは、「木株に兎を待つ」に等しい。

ただ、求人企業にしてみれば、現在の幹部が、病気、定年、あるいは家庭の事情や、その他の事故でいなくなれば、求人活動をせざるを得ない。そこであわてて、紹介会社に依頼する。

ただ、これは本来間違いであろう。会社は集団で運営する。欠員が出ても、誰かがカバーできるように何時もしておくのが正しい。そのためのローテーションや育成システムができていたら大丈夫。この方式が完成しているのは日本の中央官庁官僚。

だから、官僚の中途採用はほとんどない。あるのは天下りだけとなる。もちろん民間企業はそんな余裕はないから、苦労する。

第四章

「傘寿」を超えて「米寿」「白寿」「百寿」まで働くために

役立たない「健康食品」の数々

最後の章で、高年齢者が幸福になる条件をいろいろと考えてみよう。

私は、一．仕事、二．健康、三．家庭、四．お金、五．交際、というくらいの順番で大切と思う。仕事については、これまでも、これからも、メインテーマとして出てくるので、先に他の要件を整理したい。

「健康」。

これは、自分で管理できる部分と、出来ない部分がある。病気にかかりたい人はいないだろうが、病気は避けられない。

健康維持には、一に運動、二に食事、三、四が無くて五が薬と言われる。運動と言っても過度のスポーツは健康に有害である。適度に体を動かし、体力、筋力をつけておくことは、非常に望ましい。食事は、よく言われているように、多様なものを、食べすぎない程度に、ということで、ふつう好きなものを、腹八分に日に三度食べていれば、十分である。薬は近代医学を信用して、医者に処方してもらう。病気でないときは、全く用はない。

現代社会は、健康食品の洪水である。テレビのコマーシャルも、シジミ、すっぽん、青汁からコンドロイチン、グルコミンサンなどなど溢れかえっている。

私の体験から、これらは全く無用の長物でこのビジネスは欺瞞だと断言できる。私自身、還暦過ぎから、いろいろなものを飲んでいた。十年ほど前に、医者の友人から、あれは全く効果ないですよ、と言われて思いきって全てやめてみた。結果はなんとも無い。月に二万円ほど支出が減っただけで、それ以外、体には何の影響もない。

現在、八十歳を過ぎていて、毎日満員電車に揺られて会社に出て、働いている。どこかの健康食品会社から、「これを飲んでいます、個人の感想ですが、このおかげです」と喋るコマーシャル出演を頼みに来るのを内心まっている。

実際はなにも飲んでいない。飲んでも飲まなくても同じ。貝や亀を食べても、健康になるはずは無いし、カニの殻の粉を飲むと骨になるというのは、アインシュタインの脳を食べると頭が良くなる、というくらいばかばかしい。

普通の野菜や肉、魚には非常に多数の栄養素が複雑に存在していて、その組み合わせが人間の栄養になっている単純な原理を理解すると、健康食品など、手にする気はしない。

勿論私は、健康食品を廃止しろとは言っていない。

それはパチンコとおなじ気休めで人生には大切なものである。

またテレビ業界をはじめ、多くの人がそれで生活しているのだから、それを邪魔する気持ちはない。ただ、一部の高齢者は、そんなものに使うお金があったら、おいしいものでも食べたらいいし、孫にお土産でも買ってあげたら、幸せになる機会は多いですよ、と言いたいだけである。この本の目的もその辺にある。

ともあれ、健康を維持するためには、しっかり自分の体をマネージしなければならない。

口惜しいが、若い時のような無理をしてはいけない。

検査は定期的にきちんとやり、おかしなところが発見されたらすぐ治す。

先手必勝。車や家のメインテナンスと同じである。

私の場合、頭のさき、つまり複数の脳梗塞の跡から幾多の癌の傷、つま先、つまり極端な外反母趾まで成人病の見本市みたいなものであるが、現役ビジネスマンで、九十歳、いや、さらには百歳まで現役を続けようと思っているのだから、病など、戦う気があれば、平気と申し上げられる。

悪しき家父長制の名残り

「家庭」。

これも、常時入念に手を入れておかないと、すぐおかしくなる。

西洋人は、一般的に家族を大切にする。アメリカの歴代大統領を見ればわかる。日本人は、特に夫、父親が家庭を大切にしていない。これは悪しき家父長制の名残で、今の若い世代は違うのかもしれないが、世のビジネスマン（今回は男だけ）は心すべきだろう。

家族はチームプレイなのだから、わがままを言ってはいけない。特に男性は、外部に対して家族を守る責任がある。

「家族の犠牲になる」という言葉はそもそもありえない。家族に対する義務だけがある。そう割り切ってしまうと家庭で喧嘩なぞあるはずがない。

実際は、すこしもめるが、これは余興として済ますべきだろう。本質がぐらついては、人類の存続は無い。

高齢者に「金」と「友人」は不要か？

「お金」はどうだろう。

あるに越したことは無いが、無くても平気な生活を常に心がけているのがいい。

財産は不要である。形のあるものより、無いものの方が尊いことは、昔から言われている。無一物中無尽蔵。質素に暮らす。幸せは、物の中にはない。

こういう話をすると、「金持ちも不幸だ」と言うが、金持ちになったことが無いので分からない、

「郡山さんは金持ちになったことがあるのか」と訊かれそうである。自分で経験したことは無いから、確実なことは言えない。ただ、お金が無くても幸せになれることは十分体験しているから、それで許していただきたい。

「交友」

これは一番難しい。ボードレールも、友については、くどい説明をしている。

ただ、私は高年齢者は友を持つのは難しいと思う。

それだけの情熱も、体力もない。孤独になって良いとは言わないが、友は不要である。

周りに人がいる環境だけは維持したい。

そのため、個別在宅ではなく、個室有りの集団生活が良いと思う。

介護は本来、すべきでもなく、されるべきでもないが、動けなくなったら、お世話にならざるを得ないので、年長者は一カ所に集めておいた方がいい。

このような分かりやすい原則を政府も一般もなぜやらないのか不思議に思う。ここにも高齢者対策の一筋縄でいかない多様性の壁があるのかもしれない。

なぜ六十歳以上の「ビジネスマン」はいないのか？

「仕事」の話にもどる。

高齢者就業の研究をしていた時に、「高齢者一斉新卒採用」の案が出た。毎年、「定年退職者」が出るのだから、企業で一斉に、「第三新卒」として彼らを採用すればよい。給料は「第一新卒」とおなじ。これは、一見うまくいきそうだったが、結局年長者の「多様性の壁」を破れず、実行不可能という結論が出た。いまでも惜しいとは思っている。

私は人材紹介業をしているから、世の中の求人状態はよく分かる。

今私の会社で持っている数百件の、幹部ビジネスマン求人案件のなかに、六十歳以上という条件のものは実は一つもない。

年齢不問というのすら十件もない。

現在法律で、求人案件に年齢を入れるのは原則禁止されているが、実際には、年齢不問で求人すると、無駄な応募が増えて、人材紹介が出来なくなるので、無視されている。

ここでも日本は法律を守らない国である。

米国などでは、履歴書、経歴書に年齢を書くことを禁じている。

正確にいうと禁じてはいないが、どこの会社も、紹介会社も、年齢の入っている書類は受け付けない。

そんなものを受け付けて、不合格にしたら、差別で大変な賠償金を取られるから、当たり前である。性別も記載できない。もちろん宗教や生まれたところ、父親の職業などは記載できないが、この辺は日本でも護られている。


六十歳以上の実年齢を書くと、まず、どの求人案件に応募しても、合格しない。これは通常のビジネスマンの話で、たとえば道路工事で旗を振っている人（警備員）は別である。この本は、ビジネスマンを対象としているのでお許しいただきたい。

単純労働の職務は、年令に関係なくたくさんあり、基本的には労働力不足である。

ただ、高年齢者に肉体労働をせよ、というのは少し無理だと、前にも述べた。

結論として、今の日本で、高齢ほど、ビジネスマンの就業を妨げる原因は無いと言って全く過言ではないであろう。そして、その就業を実現できるシステムを創るのは不可能であることも、先に述べた。ではどうしたらよいか。

システム、制度が創れないのは、高年齢者の多様性のためであるとすでに書いた。では、システム、制度は無いにしても、個別に、どうすればよいか。これは社会の問題ではなく、個人に課せられた課題である。一人一人が個別に対応する以外にない。そのための提案はある。

まず、なぜ就業機会がないか考えてみよう。理由は簡単で、その価値が無いからである。高年齢者は伸びしろは無いから、その仕事ができなければならない。若い者にはまけないと言っても、ほとんどの場合、高年齢者は、若い者と体力的に同じ仕事はできない。スポーツを例にすれば、わかりやすいが、ビジネスの現場はほとんどスポーツと同じである。

スピード、耐久力、最新のツール、機材を使う能力など、若者には勝てない。知恵や経験が生きる職場はビジネスの現場にはほとんどない。知恵や経験があってもそれを活かして活躍できるのは、せいぜい五十代までだから、どうしようもない。

前に少し述べたように、ビジネスでなければ、例えば、医者、弁護士、教師、政治家などは高齢者でも務まる場合が多い。

社会制度として、このようなビジネスの分野から若者を追放してしまえば、高齢者は助かるが、それが非現実的であることは自明であろう。

高齢者の就業は、自分は無能であり、社会の中ではほとんど通用しないという認識から始まるべきであろう。

ただ、人材紹介業のように、良く出来るものがある。それを丹念に探して、自分でその能力を磨き、成果をあげるべきであろう。これは非常な多様性の世界でそれがなにであるかわからない。ただ、知識労働者としてのビジネスマンは、体力が衰えても、余人に代えがたい能力を発揮できる機会はあると思う。大きなお金は稼げまいが…。

年金の足しにはなり、そのような活動は、ＧＤＰを押し上げるから社会的意義もある。

私は「個人事業者」になることを勧める。雇用関係だと、どうしても「上下関係」になり、気まずい思いをすることが多い。個人事業者は、実際上、社長なのだから、どのような仕事をしても、上司はいない。少なくとも対等である。

そこにはいやな株主もほとんどいなければ、憎らしいメインバンクもいない。日本の将来は、「高齢個人事業者の大集団」によって運営されるというのはいかがだろうか。

人材紹介は不動産の紹介とは違う

ここでもう一度、就職活動に関連してくる、「人材紹介」と「求人サイト」について、おさらいをしておきたい。

人身売買の暗い悲惨な歴史を繰り返さないために、太平洋戦争の敗戦により確立された基本的人権保護のための労働法は、対価を得て職業を紹介することを原則禁止している。

日本の労働法は、憲法、教育基本法とともに、敗戦の輝かしいレガシー（遺産）である。三百万人の日本人は無駄に死んだのではない。戦後一時は、有料職業紹介は無かった。失業者は溢れていたので、公営の職業案定所、いわゆる職安は大活躍した。経済が復興し、自由化が進むと、米国から、日本に進出してきた企業群のため、外資系の有料職業案内会社が認可された。その後、日本企業も対象にするようになり、多数の人材紹介会社ができた。

公営の人材紹介は、無料である。

そこで情報を得て、採用しても、採用する企業が、サービス料は支払うことは無い。だが、有料職業紹介社から情報を得て採用すれば、その紹介会社に紹介料をはらわなければならない。これが基本的な仕掛けである。

では、なぜ有料紹介社を使うのか。これは、公共のサービスでは手に入らないような、特殊な技能あるいは高い能力を持っている人材を、採用したいからである。つまり、会社として競争力を増すために、手に入りにくい人材を優先的に採用したいという願望の産物である。

対価を得て、職業を紹介することは、原則禁止だが、特別な許可をとると、可能になる。個人としてはできない。一定の資本金、設備を持った法人で、研修などに参加すると、有料職業紹介事業許可証というものを、厚生労働大臣からもらえる。当初は出し渋っていたが、大学の認可と同じで、利権と許認可料欲しさとは言わないが、自由化の名のもとに乱発が始まり、いまや有料人材紹介事業所は日本中にゴマンとある。資格も能力も一切問わない不思議な許認可業である。

それでも、雇用という特殊な関係に介入するのだから、制限条項は沢山ある。

雇用関係は原則第三者の介入を許さないから、決定権はすべて雇用者と被雇用者にある。紹介会社は双方に情報を提供できるだけである。良くある話だが、雇用者が、不適切な人を採用した、あるいは、求職者が、紹介されて入ってみたら、ひどい会社だった、という文句がでる。

基本的に、紹介会社はなんの責任も無い。悪意で嘘を言ったら問題だが、経歴詐称でも、誇大広告で入社したら宣伝の半分の給料しか払わなくても、紹介会社には何の責任もない。

代理行為や条件の交渉は禁止されているし、極端にいえば、良い会社ですよ、とか、良い人材ですよと言うことも禁止である。決定に影響を与えてはいけない。

この辺は誤解されていて、雇用者、求職者双方から、文句を言われるが、人材紹介は不動産の紹介とは違う。

決定や条件に介入はできない。と言って、責任逃れをする気はない。会社の信用のためにも、人間を大切にしない企業には紹介をしない。自分が入りたくない会社はクライアントにはしない。また、候補者も、本当にその会社に役に立つ、と思わなければば紹介しない。自分がその会社を経営していたら、このような人を採用したい、と思わなければ紹介しない。また、当人が幸せになるという自信が無ければ、紹介しない。これはわが社のモラルの第一歩である。

人材紹介会社は多数あり、内容も違うと思われているが、本質は同じで、許可証も一種類しかない。

似たものに「人材派遣業」というのがあるが、これは全く内容が違う。規模は紹介業の何十倍も大きく、多数の形態があり、規制や法体系も非常に複雑である。ここでは、その内容には立ち入らないが、紹介業とは別物であることだけは、明記しておきたい。

人材紹介業を類別すれば、職種別になるであろう。

ビジネスマン向きのものが大勢をしめているが、医者、歯科医、看護師、弁護士、経理の専門家から技術者、外国人、モデル、スポーツマン等々、多様な専門紹介業がある。本書の対象のビジネスマンむきにも、エグゼキュティブサーチという、大会社の社長、役員などを対象としているものから第二新卒をカバーしているものもある。これは、その必要性で選ぶほかないが、規模的にも千人以上のものから数名しかいないところもあり、どれがいいとは一概には言えない。

ただ、大量生産型と個別対応型があり、これも必要性で選ぶほかない。

「求職者」が金を払う例外とは

ともあれ、ここで、再度強調しておきたいが、職業紹介は、個人からみても会社からみても顧客満足度の極端に悪い業界であるということだ。

これは、法律上の制限にも起因しているが、本質的に、雇用、就業という、企業にとっても、個人にとっても非常に重要な問題であるからという側面があるだろう。にもかかわらず、その仕事をだれでもやっていい、やりかたについても、全くルールも規制もほとんど無い、という野放しの社会体制が良くないと思う。現段階では、企業も個人も用心する以外にないが、この事業の実態について、あまりにも社会の理解がないのが残念である。

求人サイトについて。企業は働こうという人がいないと成り立たない。企業の競争力は、持っている人材に左右される。

かくて採用のための経費は必須のものとして予算に組み入れられる。経費の大部分は宣伝、広告、人集めで、そこにいち早く目をつけて、大会社になったリクルートは偉い。「こんな人がここにいますよ」という情報に企業は大金を使う。その情報のかたまりが求人サイトで、リクルートが草分けだが、いまや多数の有名な専門企業があり、また他のメディア事業者も参加している。その求人サイトを調べて、企業は人材採用をするのだが、利用者の主力は企業の採用代行請負をしている有料人材紹介業者である。

ここで、また言葉の問題になるのだが、人材紹介業と職業紹介業はおなじもの。採用者にとっては人材紹介、応募者にとっては職業紹介で、同じものを、別な方向から見ただけの事。

もちろん政府は国民の味方だから、職業紹介をやらせているつもりだが、求職者がお金を払うわけではないので、業者はお金をはらってもらうための行動、つまり人材紹介をやっているのだと思っている。

求人サイトの広告は、通勤電車の中のミニテレビ画面などで、ご覧になった方も多いであろう。

リクルート、エン、ビズリーチそのほか、老舗も新興勢力も沢山ある。

よほど儲かる商売らしい。

収入源は、企業あるいは紹介会社の「サイト使用料」である。固定料金と、成功報酬型料金との二つの課金システムがあるが、いずれも、求人サイトのなかから、人材の情報を得る対価である。できるだけたくさんの、良い転職希望者の情報を集めれば、それだけお金になるから、サイト運営会社は熱心に求職者の情報を集める。インターネットが発明した新商売の一つと考えてよく、そのために採用活動、求職活動の効率が、各段に向上した功績は高く評価してよいであろう。ただ、このサイトがあまりにも多くの情報をばらまくため、情報の質とその対応が、粗雑になることは免れない。これはネットビジネスの一般的通弊である。人材紹介業の顧客満足度の低下もこれに大きく起因している。投槍の、いい加減な紹介活動があまりにも多すぎるからである。

求人サイトの問題点は、求人企業や紹介会社は良く知っている。一方、求人サイトに参加する個人はその内容や仕組みをほとんど理解していない、またサイト自身も理解させる努力をしていないようにおもわれる。

通常、求職者は、サイトに登録して、求人案件が沢山来れば喜ぶ、全く来ないと、そのようなものか、と諦める。それだけであろう。

ただ、求人サイトに登録すると貴重な個人情報が他人の手に亘《わた》る。

それだけでなく、その「自分」をどこかの紹介会社が紹介すると手数料が発生するようになっていることがある。「自分」が知らないうちに商品化されている。サイトに登録する人は、かまわないと思っているかもしれないが、「自分」が商品化されていて、しかも高い手数料がついていると、逆に転職がしにくいかも知れない。そのような裏事情は正確に理解しておくべきだろう。

また、何度も指摘してきたように、求職者から、求職活動に関して対価を受け取ることは、労働基準法で明確に禁止されている。

これは、紹介会社にとっては、極めて過酷な規定だが、公平という観点からはすばらしいことだ。このような法律が現存することは、日本人として誇りに思っていい。お金や利権が就業の手助けになれば、まじめな努力をしていても報われないことが起こる。役所の「天下り厳禁」も同じ趣旨である。ぜひ守ってほしい。

しかし、求職者から、求職活動に関し、対価を受けてよい例外がある。それは広告費である。「私は仕事さがしています、雇ってください」という広告を新聞に出すことは可能で、新聞社は広告費を受け取ることが出来る。

その延長で、求人サイトが「これは、あなたの広告費だから」というようなことで料金を取ることがある。

ある会社では、ネット上にあなたの宣伝ページを創ると言ってお金を集めていた。これなどは極めてきわどい。ネット上には、あなたの貴重な財産である個人情報を提供している。その上料金をとられる価値があるか、その辺は良く、お考えになってから、決断することをお勧めしたい。

高齢者は「社長」になるのが一番だ？

高齢者の就業が難しいことについて、いくつか付記しておきたい。

高齢者の能力が優れていないことは、改めて言うまでもない。ビジネスの世界では経験は重要であるが、環境が変わればその経験はまったく役に立たないこともありうる。私の場合を考えてみよう。経験領域からして、まずは海外営業。語学と交渉力は自信があるが、高齢になると当然体力が低下するので、海外に頻繁に出かけられなくなる。これで失格。

事業企画、経営戦略。理解力、判断力はあるが、現在の技術動向や、市場の動きは、現場に接することがあまり無いので、分からない。現場に出歩く体力は減少している。したがって失格。

経理、財務、法務、総務などのバックオフィス。会計ソフトも、六法全書も、遠い存在になっているし、ＩＲ（インベスター・リレーションズ。企業が投資家に向けて経営状況や財務状況、業績動向に関する情報を発信する活動）や総会を仕切ることは、これまた体力が無いのでとてもできない。

では、後何が残っているだろうか。「経営全般」という怪しげなものはできる。高年齢者は、経営はできる。

経営は激務だという人がいるが、それはやり方が悪いだけ。

ドラッカー流に言うと、時間の使い方が下手なだけである。

経営者の仕事は、企画、つまり考えて、組織化、誰にやらすか決めて、管理、すなわち、結果を見る。それだけである。

僅かな知力は必要かもしれないが、体力はさほどいらない。社長などに定年を創って追い出す理由は、高年齢が悪さをするからではなく、権力が腐敗するからである。どんなに若い大統領が出ても、任期が五年とか八年なのと理由は同じ。だから、高齢者は経営者になればよい。これは一つの解決法である。

先に述べた、すべて、個人事業者なれ、というのと似ている。個人事業者はすべて社長である。

「高齢」だから偉いのではない

高齢者は身体障碍者ではない。そのようなことを言ったら障碍者の方に失礼にあたる。

確かに高齢になると身体的能力は低下する。往年の名外野手も歩くのがやっとでボールを力いっぱい投げても十メートルしか飛ばない。イチローやカズだって、いずれそうなる。

ゴルフをやっても、ドライバーとウエッジの飛距離が同じ。電車に乗ると、やたらに席を譲られるから、空いた時しか利用しない。

これでは、悔しいが、八十歳を超えた私は、決して障碍者でも、弱者でもない。普通の人である。

ところで、障碍者を手厚く遇《ぐう》すのはなぜか。

これは本能と、経験と教育による。ダーウインの著作にも、動物が怪我をした仲間を助ける事例が沢山出ている。古代人の遺跡にもそれがある。

人類の進化が進んで、弱者が保護されないのは文明ではないという考えが確立された。ときどきヒットラー（いまはトランプか）のような人物が出てきて邪道を行うが、おおきな流れは変わらない。困っている人を助けるのは人間の本能である。

それを行っているうちに、その満足感を習得していく。周囲が要求し、評価する教育効果もある。障碍者に対する対応が十分でない社会は、後進的と断じてよい。皆が気持ちよく暮らすことができない。

日本が、その点でまだ不十分であることは、周知であろう。

しかしながら、高齢者をことさら厚く遇する必要はない。

もちろん、身体や精神が衰弱して動けない人や、病気の人、あるいは貧困により生活できない人は保護しなければならないが、それは別な問題であって年齢には関係ない。

長幼の序、とか年長者に対する敬意、先輩、後輩の関係などは、すべて、年長者が自分の立場を有利にするために発明した不自然な関係で、こんなものは無視、撤廃すべきであろう。力のあるもの、優れたものは尊敬されてよいが、年齢には関係ない。

敬老の日は、私は「年寄りが尊敬されるように努力する日」だと思っている。

シングルモルトウイスキーや高級ワインの熟成期間の長さを誇るのはいいとしても、

古いだけで人間を尊敬する理由は全くない。

長年の経験などで尊敬すべき老人は沢山いる。また人類のため、国のため、家族のため、貢献してくれた先輩たちには、その一員として、恩義を感じ敬意を表すべきであろう。ただ、それは個人によるし、年齢だけが、尊敬すべき理由にはならない。

高齢者は、本質的に、心身の能力が低下してくるから、それでも社会の一員としてやっていくには、それなりの対応と努力が必要になる。若い時とおなじことはできないので、仕事の内容、時間などは変えなければならない。それは高齢者が自分で解決しなければならない問題である。

高齢者には「教養」「教育」が必要?

すこし余談になるが、高齢者には、「教養」と「教育」が必要だ、という冗談がある。そんなものかな、と思ってはいけない。「今日用《きょうよう》」がある、「今日行《きょうい》く」ところがある、という語呂合わせである。家でぶらぶらして、何もすることがないと、家族にも邪魔にされ、不幸の極になる。

庭の手入れをするとか、同窓会に行くとか、なにかあると幸せだろうという、はかない冗談である。

いくら自由があり、好きなことが出来る時間があっても、人は幸せにはならない。アンドレ・ジッドが、「人の幸福は、したいことが出来ることの中には無い、しなければならないことを受け入れる中にある」と書いている。「リベルテ」（自由）の中ではなく「デボワール」（義務）の中にある。

ある人がインドの貧民窟で孤児の世話をしているマザーテレサに、「そんな大変なことを、よく自分からなさいますね」と言ったら、マザーテレサは、「とんでもない、ボランテアーをしているのではない、キリスト様に言われてやってるだけです」と答えたという。

義務を、自分の意志で受け入れる。その中に幸せがある。

高齢になるということは、神が命令しているのだ、と思えば、わかりやすい。私は平凡な仏教徒で、およそ信心などは無いが、家族、友人、後輩に、亡くなった人が多いので、なぜ自分だけが生きているのだろうと考える。偶然以外に理由はないだろうが、その偶然を支配しているのは、人ではない。高齢になると、神と付き合ってしまう。自分はなにをしなければならないか、を考えて、出来ることがあったら、神が命じたことにして、一生けんめいにやる。それで幸せになる。生活の知恵としか言いようがない。

ビジネスマンでしたいこと、と言ったら、余暇は別にして、やはり仕事であろう。もう仕事はしたくない、という人は、別な意味で幸せである。十分やったから、これからはもう遊んでくらす、といわれたら、「ご卒業おめでとうございます」といいたい。ただ、三月もしないうちに、「やはり遊んでいてはだめだ、なにかやることはないですか」と言ってこられるのを、密かに期待する。遊んでいて幸せになるなら、ジッドも、マザー・テレサも間違っていることになる。私自身も信じられない。

高齢者にとって「十の戒め」とは

六十歳から百歳までの間のビジネスマンに、まだ途半ばで八十代前半の若造の私であるが、自分の体験から申し上げたいことがある。

お奨めしないもの

一　学校に行く。

日本には、教養や趣味のための大学や、いろいろな教育機関があるが、ビジネスに役立つものは、皆無に等しい。これは、ビジネスを教えることができるのは、ビジネスマンだけである、という単純な事実が無視されていることにある。

ちなみに、ドラッカーは見事なビジネスマンである。

日本のビジネス系の大学院などを卒業していることを誇らしげに履歴書に書いておられる方があるが、前にも述べたとおり私の長年の職業紹介で、そのようなものが効き目があったことは全くない。逆に、そのようなところに勉強に行くくらいレベルが低いのかと思われてしまう。

理系の大学院は効き目がある。海外有名大学のＭＢＡは役に立つ。それ以外は無駄。

なお、四十五歳を過ぎたら、新しいスキルは取得不可能だが、ビジネスの学問は、実地で何歳まででもできる。

二　資格を取る。

弁護士、公認会計士、医師、薬剤師、など少数の資格は役に立つが、それ以外は、明らかに無駄である。ビジネスのための資格として、就職に有効なものは、あとは、ほとんどないと思っていい。ビジネスは本質的に金儲けのためにする。金儲け能力を判定する資格がないことは明白であろう。

三　語学の勉強をする。

もちろん、六十歳過ぎてから、新しい技能の取得は不可能だからやめたほうがいい。

四　ジムに行く。

運動をすることは、大切。

しかしそれは、ジムに行かなくてもできる。ジムに属すると、強制的に運動をする、と思うのはまちがい。そのように、強制されないと運動をしない人は、強制されないとジムに通わないから、会費が無駄になる。

リハビリなどの人はべつにして、ジムに行かないで、気軽に体を動かして、一駅ぐらい歩いたとして、今日はジムにいく費用と電車賃を節約した、ということにして、その金で文庫一冊買ったり一杯飲んだほうがいい。

五　本を書く。

私は一冊目で、あぶなく会社を首になりそうになった。これが二冊目。本を書けば、本が一人歩きして、問題を起こす。恥をかく、恨みを買う。よほど才能に恵まれた人は別にして、本は書くものではない。読むか燃やすかすべき。この本を書いているのは、「人は努めている間は迷うものだ」というファウストの言葉を実行しているだけである。あとで後悔するのは間違いない。

六　葬式。

行かないほうがいい。陰で祈る。自分の葬式もしないほうがいい。大きな葬式をして、一体だれが喜ぶのだろう。葬儀屋は別にして。松永安左衛門のように、誰にも知らせないあの世行きが理想。高齢者は義理を欠いても、礼を欠いてもいい。もちろん恥をかいてもいい。あの世では、そのようなことで人をとがめる風習は無いと思う。

七　勲章。

もらわないほうがいい。もらえないから言うのだろうといわれると、その通り。しかし、ノーベル賞やアカデミー賞のように、皆が喜ぶものならともかく、官僚が自己満足のために配りまくる日本の勲章は、あまり有難くない。

八　NPO参加。

ビジネスマンは、利益を生み出さない活動に参加してはいけない。自営業をやって、利益がでなければNPOになってしまうが、それは寄付をしているのではなく、損をしているのである。近所のお手伝いや、通学児童のために旗をふるのは、大賛成だが、「(社会に役立つ)NPOでございます」というような団体に参加したりすることは、お勧めしない。

九　会社を創る。

これは、先に述べたが、借金をしたり、退職金をつぎ込んで、事業を起こすのは、若い時だけ。決して新事業などに、参加したり、大きな会社を起業してはいけない。

個人事業までは良いが、人を何人も雇用するのはやめたほうがいい。

十　勝負事。

賭け、ばくちは一切しないほうがいい。

ラスベガス行くと豪華なホテルが立ち並んでいる。あれはすべて負けた人のお金で建てている。正確に言うと、負けた人のお金から勝った人のお金を引いてもあれだけ余る。大事なお金を、無駄に差し出してはいけない。パチンコも競馬も競輪も同じ。宝くじも当らない。一枚買っても一万枚買っても、当たる確率はほとんど変わらないことを知らない人が多い。当たる確率のひくいものは、あたらないのである。

ここに書いたことは、そうしなさいという教訓ではない。多様性は高齢者の本質だから、すべて逆の価値観をもっていてもかまわない。ただ、一つでも合っていたら、ご満足いただきたい。

十の薦め

お奨めしたいもののリストを作ってみる。

一　図書館。

これは行きつけのものを一つ作って、まず週末などに探検しておく。地方自治体が力をいれている場合があり、掘り出し物のいい場所があるかもしれない。読書の習慣はぜひ維持したい。ビジネス書はやめて、文学、歴史、なんでも。週刊誌を読んでもいい。

二　散歩。

歩くのが体に良いことは、歴史が証明している。人類が発達したのも、歩き出してから。幕末の偉人たちはみなよく歩いている。

暑くても寒くてもそれなりの備えをして、目的地に向かって歩く。良い靴や良い運動着を着ることも、お勧めしたい。

三　趣味。

ご趣味は、と訊かれたら、読書、散歩、貯金と私は答える。嫌味かな。

ただ、釣りでも、園芸でも、御寺巡りでも、楽しくやれることなら、何でもよい。合唱団や劇団に入れたらもっとよい。お金がたくさんかかるのはだめ。健康に悪いもの、家にこもるもの、趣味のわるいものはすべてダメなことはいうまでもないが。

四　おしゃれ。

身だしなみは非常に大切。お金はかけたくないから、服装は、良いものを少なく持って、大事に着る。

着つぶすまで新しいものは買わない。散髪は月一回以上。髭はきちんと剃って、身体は清潔に。高齢者はどうしても、衛生的にだらしなくなる。新陳代謝が遅くなるから感じなくなるが、実際は不潔になっていることが多い。風呂には毎日入り、肌着は毎日かえる。使い捨てのパンツなどは良いものがあるからお奨め。こういうことを一所懸命にやると、これはこれで面白い。

五　家事。

掃除、洗濯、裁縫、食事つくり、皿洗い、なんでもやった方が良い。

家事は習慣だから、毎日一生けんめいにやるといい。慣れてくる。アイロンなどかけると運動になるし、おしゃれにもつながる。

男性ビジネスマンは、やはり真っ白いシャツ、ブラシのきいた上着に折り目のついたズボンが似合う。女性ビジネスマンはもちろん内容よりより見かけだから、それは女性政治家とおなじ、というのはやっかみである。

六　病院。

行きつけの大病院と、近所のお医者さんは必需品。

人間ドックは、高年齢者には不要と思うが、専門医集団をもっている大病院は、どこかが悪くなったときは、非常に役に立つ。白内障の手術はしたほうがいい。ちょっとでも風邪気味になったら、すぐ近所のお医者に行く。売薬でごまかさない。歯医者には、定期的に行くが、健康保険以外の治療も入れ歯もしない。こうやっておれば、まず健康管理は大丈夫。百歳まで現役で、最後は老衰でぽっくり死ぬのが理想。

七　交際。

友人はもう持ちにくいことは前に述べた。しかし、孤立や孤独は禁物なので、人の集まりに顔をだしておく必要がある。

碁や将棋やコントラクトブリッジが趣味なら、集まれる。居酒屋でよければ、なじみをつくる。女性はただのおしゃべり集団でも良い。

むずかしければ近所の珈琲店に行っても良い。天気の良い日なら、散歩の途中で公園にでもよって、人だまりの中に入ればよい。

人間は社会的な動物だから、孤立してはいけない。マイペースでよいので、人の間に入り込み、できたら、声をかけあうのがいい。

八　車。

車が無くては暮らせない、というようなところに本当は住んではいけない。運転の技量は七十歳くらいから急速に落ちる。私は二十歳から古稀まで世界中で運転をして二百万キロ以上走り、無事故、無違反で大記録保持者と思っていた。ところが古稀をすぎたら、違反も衝突も数知れず、人身事故だけは無かったが、大変な目にあった。幸い認知症が無さそう（あくまでも個人の意見です）なので、免許は維持している。七十五歳以上の免許更新のテストは三回うけたがいずれもほぼ百点満点で通過している。

ただ、出来るだけ運転しないほうがいいのかもしれない。どうしてもという時は、タクシーを利用すべきかも。私が、自分で運転するときは超スローー運転なので、皆迷惑しているであろう。人によりけりとはいえ、古稀を過ぎたら免許更新は一年ごと、机上の講義だけでなく、実地試験もすべきだと思う。この項目は、奨めないのほうに入れたほうが良かったかも知れないが、自分でまだ運転をしているのでこちらにいれてしまった。

九　住まい。

高年齢者は、どうしても周りに迷惑をかけることが多い。そのためにできるだけ集団生活の方が良い。そのほうがアクセスが早いからである。一人で住むなら、集合住宅がいい。老人　ホームもおすすめだが、どうも料金が高いらしいので、困る。

自分の事は自分でやるし、ボランテイアもやるから、安く集団生活ができるところがあったら良いといつも思っている。学生時代、寮生活が長いので、懐かしいのかもしれない。

十　仕事。

これはこの本のテーマなので、大いにやりましょう。仕事ができるのが、一番の幸せです。

「あせらない、おそれない、あきらめない、笑顔でやること」

ビジネスマンの生涯は、いまや成人してから八十年あるといっても過言ではない。二十代から五十代までの四十年間。六十代から百歳（少くとも九十歳）までの四十年間（三十年間）。

ここでも多様性があるから、始まる年齢、折り返しのポイント、終わりの歳にはばらつきが出てくるだろう。ただ、定年延長や早期退職があっても、正規分布としてこのような年齢層になることは間違いない。

前半と後半の折り返しのあるマラソンと思えばよい。前半は、能力も収入も概して伸びる代わりに、育児や資産蓄積の義務の様なものがある。後半は、減少していく体力との抗争であろう。どちらも楽しくする必要があり、それはもちろん可能である。

毎日、目の前の職務を明日のために楽しく完遂できればよい。

前半期は、社会のシステムがほぼ完成している。年功序列や、終身雇用は、これからは崩れる一方で無いと思うべきで、自分の人生は、自分で設計しなければならない。ただ、基本的に機会は無限にあるから、選択を間違わないようにすればよい。あるいは、選択を間違えても、やり直しもきく。

後半期には、社会のシステムはいまのところまだ完全なものは無い。

ここでは社会にあまり期待してはいけない。頼りになるのは、自分だけ、しかも、就労機会は基本的に存在しない、ということを認識しなければならない。いらない人に就労機会がないのはあたりまえである。そもそも選択などできない。

この本は、後半戦にチャレンジしていくことになる後輩たちへのエールのつもりだが、前半戦をいま戦っている人たちにも是非読んでいただきたい。マラソンは折り返し点で終わりではない。人生の勝負はゴールできまる。

後半戦を成功させるには、その本質を基本的に理解している必要がある。いや、理解せずとも、本能的に感じるだけでもいい。

折り返し点まで行けば、後半戦に入れる喜びが生まれる。前半戦を走り終えたのだ。そこでの順位や成績は関係ない、まずは折り返しまでのコースを「完走」したことを喜ぼう。

後半戦は全く条件が違う。

体力は徐々に無くなり、いつ倒れて退場になるかわからない。走行中に倒れて終わりとなるかもしれない。無理をせず、出来るだけ到達点を長くする。もちろん、完走が目標だが、一歩一歩進んでいくことの価値がおおきい。だれも助けてくれないし、原則として、自分だけが頼りの、おもしろい世界である。

ただ、ビジネスマンの職務は変わらない。

国のため、世の中のために、儲け仕事を通じて、貢献していく。

それを自分なりに工夫して継続しなければならない。還暦をすぎたら、雇用関係は難しいことは先に述べた。もちろん雇用があればよい。実際は無いことの方が多い。雇用が無くても働くことはできる。

自営業の人は、だれからも雇われていないが働いている。パートタイム、請負なら、自営業に近い。仕事を継続するには、すくなくとも、肉体的に、あるいは頭脳的に、世の中の役に立つ能力を維持しておかなければならない。

これは高齢者の努力目標で、すべての人にとり可能とは言えないが、多くの人にとり、努力すれば、仕事の種類も半ば無限にあるのだから、実現の可能性は高い。

人材紹介業は何歳でもできると述べた。適性があれば可能である。頭脳が正常に動けば経営職、その補佐、教育職はできる。

もちろん、体が動けば、多様な、業務が可能である。

九十歳ないし百歳まで現役でいられて、僅かでも収入を得て、税金を納める、あるいは年金を減らすことができれば、ご一緒に快哉を叫びたい。いや正確には、黙って喜んで戴きたい。自分の人生の評価は、もちろん自分以外には、させてはいけない。

このような議論をすると、体が弱ったり、認知症になったらどうするか、と訊かれる。

もちろん老衰も認知症もレッキとした病気だから、その時は休むべきで無理に仕事に参加するすると大変な迷惑である。健康の維持は、義務ではあっても、病気になりたくてなる人はいないから、弱者の保護の原理で、堂々と治療を受けて休めばよいのだ。健康なひとは、そのためにも働いているのである。

仕事をしたくても見つからないときは、仕事を探すことも仕事と考えて、計画的にきちんと、楽しくやる。仕事探しは、高齢者でなくとも、難しい。

私の会社のモットーは、「あせらない、おそれない、あきらめない、笑顔でやること」になっている。どうしても見つからなかったら、自分で発明するくらいの、気持ちがほしい。後半戦は、くたびれた体力で、やるのだから、気持ちだけはくたびれたくない。マイペース。

もちろん仕事のある人は、それを大切にしよう。良い仕事は、自分のためになる。誰かの役に立っているという気持ちほど、自分に力と達成感をくれるものはない。自分の幸せはそこから生まれる。仕事がある幸運に感謝しよう。

この本は道徳のためでも、生き方のためでもない、実務書のつもりである。先に述べたように、ビジネスマンの仕事は、せいぜい胃袋から下である。高尚な哲学や真理にはなじまない。娯楽や、芸術にも馴染みはない。ただ、しっかりした手足や胃腸は、人間が幸せになるために、あるいは、周りの人を幸せにするために必要と思う。お読みいただいた方々には、心から御礼申し上げます。

あとがきに代えて

私は、ビジネスマンの人生は、二十代から五十代までの四十年と、六十代から百歳までの四十年の二つに分けられるように思う。表人生と裏人生である。

英語には表、裏という言葉は無い。上と下、頭としっぽ、前と後ろ、しかない。野球でも、硬貨のトスでも、家の玄関でも、そのような表現になる。紙や衣装などは、正しい側と、間違った側か、外側と内側というしかない。

日本語には「裏」「表」がある。国土でも「表日本」「裏日本」があったが、「差別語」だということで使われなくなった。

人間にも「裏」「表」はあるらしい。「ジキル（表）とハイド（裏）」だ。昼間は学校の校長が、夜は売春宿に通う…。

人生に表と裏があってもおかしくない。裏人生は必ずしも悪い裏街道を歩くわけではない。裏街道だって日もあたるだろうし、表街道にも血の雨は降る。表裏は一体である。ただ、野球でもあるように、表と裏は攻守が入れ替わる。

先攻なら、表は、攻めているつもりでいる。

裏は、守っているつもりであろう。

人生ではこれは実は間違いで、表は守りである。失点をしてはならない。裏は、攻めなくてはいけない。人生の勝負がきまるのは、もちろん裏である。リードしているからアルファつき(これは日本語)で勝つというのは、裏がない人、つまり六十までに死んでしまうことである。それも悪くない。しかし、六十歳以降があるということは、決して、前半で人生が終わっていない、つまり相手にリードされている、ということ。これからが大変。うまく勝ち戦にしたい。

表人生で出世して、大金持ちになり、家族にも恵まれたとしても、そこで人生が終わってない、まだ勝負はついていないない、というのは、トランプ氏にとって、実感であろう。そこでよせばよいのに大統領にまでなる。世間には大迷惑だが、当人にとっては、試合は終わってないのである。まして、平凡なビジネスマンにとっては、裏も大変。

ただ、一つだけ有難いのは、ゲームが続いていることで、その機会は大切にしたい。それがこの本の主旨であることは、再三申し上げたとおり。

本当に百歳（少くとも九十歳）まで現役でビジネスマンがやれるかもしれない。では、百歳に成ったらどうするか。

絶対にお断りしたいのは、お祝いごと。

いまでも地方治自体の一部では、長寿者に対してお祝い金や記念品を配っているが、即刻止めたほうがいい。

周りに百歳以上の人が、ごろごろいたら自治体は大迷惑である。失礼ながら「泥棒に追い銭」である。もちろん、個人的には、百歳の人がいると嬉しい。私が七十歳近くなって草野球のチームに入ったら、三十歳の選手が、「これは嬉しい、あと四十年野球ができるんだ」と喜んでくれた。

これは、迷惑顔を隠したお世辞だろうが、良くできている。私も近所の居酒屋に行って、百歳の人が飲んでいたら、これはお世辞でなくて、嬉しいに違いない。「あと二十年酒が飲めるんだ!」。

ただ、周りのひとに祝ってもらう必要はない。少なくとも、家族をはじめ、周りの人には、迷惑をかけているのだから。

百歳すぎても実際はなにもしないで、平然として仕事を続けられたら理想的だと思う。

人生は長い。

いまですら長く生き過ぎたと感じる。フランスには、「永遠と人生は同じくらいの長さだ」という言葉がある。宇宙の年齢と自分の年齢は同じというのは、哲学的でもあろうが、すでに八十歳にして実感が伴う。百歳になったら、「お願いだから、年齢の話題はもうやめてください」と言うだろう。

これまでも、何度も述べたが、人生は途中がすべてで、どこに到達するかは問題ではない。

百歳も通過点でゴールではないだろう。私が生きている間に、平均寿命は二倍に伸びた。

あと百年たったら、また倍くらい伸びて、『人生、二百歳まで現役で』などという、馬鹿げた本を書くやつが出てくるかもしれない。長いことがいいのではない。二十歳で終わっても、二歳で終わっても、どの人生でも、その人にとっては、永遠と同じくらいの価値がある。

「ああそういえば、昨日は、誕生日だったな。百歳か。無事に通過した。お祝いも何もない。理想的だ。今朝も爽快だ。今日の電車は空いているな。いつもの破れジーパンの女の子もいないな。連休も近いから、旅行にでも行ったかな。会社には、皆来ているかな。なに？　今日は土曜日か？　休みか？　いけない、やはり認知症は進んでいるな！」ということにはなりたくない。

認知症は病気だから、かかったら治療する以外にない。かからない方法は無いだろう。ただ、健康管理をきちんとしている人が風邪をひきにくいように、認知症にかからない状態を創っておくことは出来そうな気がする。頭と体を忙しくしておく。使っている筋肉と脳細胞は衰えにくい。どう使うか。

やはり仕事をしているのがいい。

零細企業など経営すると悩みは尽きない。毎日問題だらけだから、体も頭も休まる閑はない。だが、得るものがあれば失うものがあり、失うものがあれば得るものがある。

こうした苦労は、認知症対策に良いであろう。

もちろん高齢者の経営は、車の運転と同じように危ない。自動運転みたいに、自動経営というものがＡＩで、将来できてくるかも知れない。ただそれを使うと認知症が進んでしまうなら、これまた、問題だ。だから、あたかも自分で経営しているような気持ちにはなれるが、実際はしていない、というのが理想かもしれない。バーチャルリアリティだな。なに？　今と同じだ？

謝辞

読者の方々に心から御礼申し上げたい。

ピーター・Ｇ・ピーターソンという人がいる。ニクソン政権で商務長官を務め日米経済摩擦を増幅した人である。私はこの人が有名なフィルム映写機メーカー、ベル・ハウエル社の会長だった一九六五年ごろ、当時のソニー盛田会長の紹介で会ったことがある。ケネディ大統領の側近だった弁護士のニュートン・ミノウを同伴してきて、昼食会をした。フィルムがビデオテープに置き換えられたらベル社の将来はどうなるか、というテーマで、私は当時ソニーアメリカでビデオの普及活動の担当者だった。ベル社の将来はないからソニーと一緒にビデオをやろうと持ちかけた。ソニーとの協業は断られたが、フィルムの将来はないことには同意した。レストランのナプキンに、ウエイトレスからペンを借りて、数行メモをして大事そうにポケットに入れたのを鮮明に記憶している。

それから、二十五年ほどして、ソニーが米国の映画会社を買収することになり、私が事務方の担当になった時、仲介した投資会社の会長がピーターソンだった。若手のパートナーが日本に長期出張してきて、若い奥さんと小さな子供二人が一緒だった。今はもう無い銀座のマキシムに家族ごと夕食に招待したら、こんなところに子供連れでいいのか、と訊かれた。ここはビルごとソニーの持ち物だから、かまわない、と答えた。嫌味たっぷりのソニー全盛時代の思い出である。この若者が、スティーブン・シュワルツマンで、大富豪になり、今はウエルチ以下、米国の経済界の首脳を集めた、トランプ大統領の、『戦略/政策フォーラム』の議長である。毎月の資金繰りに苦労する、こちらとは、少し差がある。

謝辞にしては脱線がすぎて、すみません。このピーターソンが、本を書いて、送ってくれた。二冊目の本で、私は一冊目も相方を知るために読んでおいた。内容はよく覚えていないが、難しい経済政策問題をさらに難しく論じたものだったように思う。読み終わってお礼の手紙をだしたら、返礼の手紙が来て、You are the only person in the world who read both of my books. と書いてある。

私も二冊本を書いた。両方とも読んでくださったら、日本でただ一人です。いやこの本だけでも日本でただ一人か?

前にも書いたが、本は読むか燃やすべし。燃やしたら二重の公害になるから、再利用でトイレットペーパーにでもしたほうがいい。

読んでいただいて、本当に有難うございます。

この本の成立には多くの方々が参加している。

発案者の松本哲郎氏は、私の会社、ＣＥＡＦＯＭの発案者でもある。快くお引き受けいただいたワック株式会社。私がエッセイ風に書きなぐった原稿を、味付けして、まとめ上げてくださったのは、仙頭寿顕編集長。自家農園の野菜を辻留の割烹で調理してくださったようなもので、恐悦至極。この本のおかしなところは私の責任だが、良いところがあったら、すべて仙頭さんのおかげに違いない。

ＣＥＡＦＯＭの社員にも、原稿の読み直し段階から、データ化まで、何度も協力をお願いした。

ご参加の方々に心から御礼を申し述べたい。

この本という小さな宇宙にも感謝と感動が宿っている。宇宙は意思の表象であり、その本質は悩みである、とショーペンハウエルも言っている。その意思は意識のことで、意識はやがて自己増殖して、考えれば考えるほど、すべての望みは失われてしまうと言ったのはキェルケゴールである。それは、ＩＳの世界であり、テロリストの行動原理である。私は、決して楽観論者ではないが、この両者には賛成し得ない。宇宙に感謝と感動がある限り、すべての望みは失われない。いくら歳をとってもそれを生み出す小さな努力が継続できれば、高年齢の人生は限りなく幸せになる。

みなさん、本当に有難うございました。

二〇一七年六月吉日　東京飯田橋にて。

郡山史郎

郡山史郎（こおりやま・しろう）
1935年生まれ。「シーフォーム」社長。
1958年一橋大学経済学部卒業。伊藤忠商事を経て、1959年ソニー入社。1973年米国のシンガー社に転職後、1981年ソニーに再入社、1985年取締役、1990年常務取締役、1995年ソニーPCL社長、2000年同社会長、2002年ソニー顧問を歴任。2004年２月CEAFOMを設立し、代表取締役に就任。プロ経営幹部の派遣・紹介を通して、優れた人材の流動化を推進し、企業の経営改善が効率的に行なわれ業績が向上すること、また、プロ経営幹部が十分に能力を発揮し充実した人生を送ることを目指している。社名の「シーフォーム」(CEAFOM) は、「Corporate Executives' Agency For Organized Mobility」の頭文字を集めたもの。著書『ソニーが挑んだ復讐戦――日本再建の軌跡』(プラネット出版)

九十歳《きゅうじゅっさい》まで働《はたら》く！

こうすれば実現《じつげん》できる！

2017年７月28日　初版発行
2017年９月29日　第３刷

著　者　郡山　史郎

発行者　鈴木　隆一

発行所　ワック株式会社
東京都千代田区五番町４-５　五番町コスモビル　〒102-0076
電話　03-5226-7622
http://web-wac.co.jp/

印刷製本　図書印刷株式会社

ISBN978-4-89831-759-4